植物的智慧

自然教育家的探索与发现随笔

李振基　李两传　◎著

中国林业出版社
China Forestry Publishing House

图书在版编目（CIP）数据

植物的智慧：自然教育家的探索与发现随笔 / 李振基，李两传著．
－－北京：中国林业出版社，2019.10（2023.07 重印）
ISBN 978-7-5219-0000-2

Ⅰ.①植… Ⅱ.①李…②李… Ⅲ.①植物－普及读物 Ⅳ.① Q94-49

中国版本图书馆 CIP 数据核字 (2019) 第 057277 号

中国林业出版社·自然保护分社（国家公园分社）

策划编辑	肖　静
责任编辑	肖　静　何游云
装帧设计	孟　刚
插图绘画	刘　琦

出　　版	中国林业出版社	
	（100009 北京市西城区德内大街刘海胡同 7 号）	
网　　址	www.lycb.forestry.gov.cn	
电　　话	(010) 83143577，83143574	
发　　行	中国林业出版社	
印　　刷	北京雅昌艺术印刷有限公司	
版　　次	2019 年 10 月第 1 版	
印　　次	2023 年 7 月第 3 次 印刷	
开　　本	965mm X 635mm　1/32	
印　　张	5.75	
字　　数	130 千字	
定　　价	68.00 元	

未经许可，不得以任何方式复制或抄袭本书的部分或全部内容
版权所有　侵权必究

序

源于自然的馈赠

不久前,我和一批热衷于自然教育的学者、自然教育机构负责人、公益社团工作者和中国林学会的同行相聚于美丽的杭州,共同商量推进中国的自然教育。期间,李振基教授给我发送了即将出版的新书《植物的智慧——自然教育家的探索与发现随笔》的电子版。回京后,我认真阅读,被书中植物一个又一个的神奇秘境、非凡功能所吸引,又被李教授对植物的细心观察和哲学沉思以及文学描述所折服。这本书也回答了一个问题:人类的智慧是从哪里来的?

从人的生物特性来看,人是自然的一份子,人的智慧离不开自然;从人的全面发展目标性而言,人的智慧离不开自然;从人与自然共生的环境性而言,人的自我完善也离不开自然,人与自然是生命共同体,人的自我完善和发展与自然休戚相关。但是随着城市化的快速发展和人口膨胀对自然的挤压,以考试为中心的教育模式的持续,以及几近贪婪的对自然生态的掠夺破坏,越来越多的人特别是青少年与自然割裂了,与自然陌生了。这不仅影响到生态文明大目标的实现,也影响了人的自由全面发展的根本目标。从这个意义上讲，开展自然教育，让更多人特别是青少年到自然中去，体验自然、认知自然、学习自然、保护自然，是人们更好地学习和运用自然智慧的根本路径，也是大自然对人类的又一重大贡献。

我们倡导的自然教育，要高举党的生态文明旗帜，贯彻"创新、协调、绿色、开放、共享"的新发展理念，把习近平生态文明思想作为根本的指导思想。

我们倡导的自然教育，是以热爱自然为基础，坚持人与自然和谐共生，建立自然是我师的环境友好理念。

我们倡导的自然教育，是面向大众群体特别是青少年的。我们要把爱自然的理念植根于人民大众之中，把爱自然的种子播撒在青少年的心田。

我们倡导的自然教育，是以自然体验为主要途径的。我们要引导帮助大众访客、青少年朋友到郊野去、到森林去、到大自然中去，和自然对话、向自然学习、做自然的朋友。

尼采说过，"一切诗人都相信，谁静卧草地或幽谷，侧耳静听，必能领悟天地间万物的奥秘。"《植物的智慧——自然教育家的探索与发现随笔》是李振基教授的佳作，也是大自然对我们的倾情馈赠。

中国林学会
全国自然教育总校
2019 年 5 月于北京

前　言

　　大自然中的植物丰富多彩，而且随处可见，以至于我们熟视无睹。

　　回想小时候在家打猪草（即采割给猪吃的野菜）、打柴，也很自然地一把又一把拔草，一刀又一刀砍下笔直的石栎、杨桐等，我从没想过植物会有多少奥妙。再大一点，跟舅舅学草药，认识了不少花草，但我也没理解植物的奥妙。后来上了大学，我的植物分类学学得比较好，在庐山实习的时候，每天可以循着不同的路线认识不同的植物，日积月累，可以分门别类地认识几千种植物，但也都没想过植物有什么奥妙。再后来，我在大学任教了，担任过植物学、植物分类学课程的老师，但仍然很少去思考这一问题。

　　20世纪90年代初，我开始在自然保护区内从事生物多样性研究，先后到福建武夷山、虎伯寮、梁野山、天宝岩、闽江源、戴云山、君子峰、黄楮林、峨嵋峰、江西靖安、湖北五峰等地进行考察，积累了不少素材，但对植物的认识还谈不上深刻。

　　引起我思考的机缘是几年前，有幸在绿色营中认识了中国台湾荒野基金会的徐仁修、李两传、野马（自然名）、猴子（自然名）等几位老师，他们连续多年来大陆支持绿色营的自然教育培训，培训了一批又一批的自然讲解员。他们几乎都不是科班出身，但每一位老师都有对大自然深刻观察的长期积累，通过观察把自己培养成了某一个方面通达的大师：植物生活史方面的，或竹节虫方面的，或海滨螃蟹方面的，或垃圾生态学方面的。他们不仅仅观察，也自己记录、拍照，给营员们上课的内容全都是自己观察所得，所引用的照片也都是自己拍摄的。他们每个人都出版了独立创作的科普作品。例如，徐仁修老师有《写给大自然的情书》《动物记事》《荒野有歌》《自然四记》《仲夏夜探秘》等，有些书已经通过北京大学出版社再版而为我们所熟知，其中《动物记事》入选了"2014年度大众最喜爱的50本图书"。又如，李两传老师著有《和鸟儿做朋友》《台湾常见水鸟》《鸡冠细身赤锹形虫》《梦幻星光——台北常见萤火虫》《台湾常见竹节虫》等书。《台湾常见竹节虫》获"2009年度台湾最佳少年儿童读物奖"。李两传老师本职是汽车工程师，可在我看来，如同东方的法布尔，并且他还在湿地规划、水草栽培、水生生物认知方面有一定的造诣，也精通鸟类分类、昆虫分类，他还用心观察花草树木，进行详细地记录，自然笔记记录本堆起了厚厚一摞。

  虽然我也在绿色营举办的自然讲解员培训中分享了生态学、植物认知方面的课程，但面对几位老师精彩的授课，我感到自己略逊一筹。于是，我把自己之前的积累整理成了植物的智慧课程，分享给营员们。徐仁修老师、李两传老师等听了，也表示认可。这几年，我利用在福建武夷山、福建君子峰、江西婺源、海南鹦哥岭、云南高黎贡山、陕西长青、四川王朗、贵州云台山等地举办绿色营活动的机会，进一步丰富课程内容，将其编纂成书。在成书过程中，与李两传老师一起进行了多次讨论交流，有感于李两传老师在植物方面的造诣。他多年接触大陆各地区的植物，且曾经用心做过细致观察，因此我特邀李两传老师帮忙提供部分照片，并补充完善各项内容，至此，《植物的智慧——自然教育家的探索与发现随笔》基本定稿。

本书揭秘的是植物生态学、植物生理学、植物分类学的基本知识，只是所切入的角度不一样，希望用深入浅出的手法把植物写活，让读者，尤其是青少年换一个角度认识植物世界。例如，我们经常吃竹笋，可能觉得剥竹笋很麻烦，或认为竹箨没有什么作用，但从解密的角度看，竹箨是鲜嫩竹笋的保护伞，没有了竹箨，竹笋可能冻死在土中，也不可能破土而出；又如，接骨草是很普通的草，当我们仔细去观察时，会发现花朵上几乎没有蜜，但在花序上点缀着蜜杯，它会以芳香的蜜汁邀请昆虫到来，这些昆虫到来之后，也帮它传粉，互惠互利。

本书将从生态智慧、生理智慧、数学智慧、化学智慧、物理智慧、拟人智慧、特色智慧等方面向读者一一解读。有些智慧可以归为两个不同的类别，在本书中可能仅归在其中一类。开篇以《植物智慧赞》为引子，激发读者对植物的兴趣，期望读者将来愿意深入探究其奥秘。

希望通过这样一本书，让大家重新认识植物，重新认识我们的大自然，让植物在大家眼里也变成鲜活的朋友，呼吁大家不再糟蹋花草树木，一起保护我们共同的家园。

感谢中国林业出版社肖静、何游云编辑约我出版这本书！感谢华南植物园叶文，西双版纳植物园丁鑫，中国科学院成都生物所朱攀，厦门大学陈林娇、江凤英、黄黎晗、肖雨淳、王晓晨、刘菁菁等在成书过程中的付出！感谢孟刚和刘琦花费了大量时间帮助排版和设计。

最后，感谢唐锡阳先生创办了绿色营，为许多学子提供了一起保护大自然的平台！感谢徐仁修先生，他为大陆培训了一批又一批的绿色营营员与自然教育导师，让我有机会归纳植物的智慧方面的知识，提升了个人的知识储备，发现了一个新世界！

李振基

2018 年 6 月 1 日于厦门

目录

序　　　　003
前言　　　005
引子　　　013

第一章　　生态智慧　　019

 1 / 获取光能　020
 2 / 关怀后代　028
 3 / 以量取胜　043
 4 / 互利共生　047
 · 兴趣活动设计 ·　053

第二章　　生理智慧　　055

 1 / 以木质化抵御啃食　056
 2 / 减少水分蒸发　058
 3 / 降低冰点越冬　060

4 / 以耐磨蚀结构抵御风沙　　063

5 / 以支撑、呼吸与泌盐结构适应潮间带环境　　064

6 / 以形态变化适应水体流动与水淹没　　065

7 / 以树皮和种子应对火灾　　066

8 / 以休眠应对寒冬与旱季　　070

· 兴趣活动设计 ·　　071

第三章　数学智慧　073

1 / 花与叶具有稳定的基数　　074

2 / 花瓣或雄蕊的分化　　083

3 / 花与叶中的乘法　　085

4 / 最有效获得太阳能的排布　　087

5 / 器官呈现各种几何图案　　092

6 / 叶脉的规则排布　　094

7 / 优化夹角　　095

8 / 分形自相似　　097

· 兴趣活动设计 ·　　101

第四章　化学智慧　103

1 / 利用花蜜邀请动物传粉　　107

2 / 利用味美等特性吸引动物传播种子　110

3 / 通过挥发气味排除异己　112

4 / 通过释放物质逼迫幼苗远走他乡　113

5 / 利用次生代谢物质进行自我保护　114

· 兴趣活动设计 ·　119

第五章　物理智慧　121

1 / 快速生长以出人头地　122

2 / 色诱传粉或以颜色警告　124

3 / 利用卷须和不定根攀爬　126

4 / 通过杠杆原理让昆虫帮忙传粉　129

5 / 利用刺或腺毛作为防备武器　130

6 / 具有防水结构、弹性、韧性等　132

7 / 借风传播果实或种子　137

8 / 因花色而被引种栽培　139

9 / 对碰触或啃食做出反应　140

· 兴趣活动设计 ·　143

第六章　拟人智慧　145

1 / 植物体各部分分工协作　146

2 / 具有营养叶与繁殖叶分化　149

3 / 信息传达　152

4 / 礼尚往来　154

5 / 奖励　155

6 / 梳妆打扮　157

7 / 延长花果期　159

8 / 旋转开花　161

9 / 按物候节律开花结果　162

· 兴趣活动设计 ·　164

第七章　特色智慧　167

1 / 避开干热在晚上开花　168

2 / 花朵高度特化以利于传粉　170

3 / 营寄生、半寄生或腐生生活　171

4 / 利用拟态策略欺骗或恐吓动物　173

5 / 以弱小动物为食　175

6 / 借动物的皮毛携带　176

7 / 绞杀现象　178

· 兴趣活动设计 ·　179

后记　180

引 子

植物智慧赞

植物世界有智慧，八仙过海显神通，
地衣虽小实共生，苔藓蕨类都防虫。
高大树木木质化，小草结实来越冬，
藤本植物用手脚，爬到高处枝叶荣。
陆英以蜜待蝴蝶，榕树传粉靠小蜂，
山莓味美鸟传播，牡丹色艳人引种。
水草柔软水中流，竹类快长上高空，
南星拟态如蛇卧，植物智慧各不同。

  我们往往说人有智慧，说人有多聪明，而忽略动物的智慧，忽略植物的聪明才智。

  或许也有很多人能够认识到动物和植物也是活生生的，也一样有智慧，在生活中拥有各种求生技能。

一天早上从宾馆出发去海边,路上看到一盆睡莲,几朵睡莲仿佛刚起床,花瓣才微张,其中一朵睡莲中间的雄蕊已经站了起来,另一朵睡莲中间的雄蕊却肩并肩,窃窃私语,没有要站起来的意思,其他的几朵还没从睡梦中醒来。等约莫半个小时之后我从海边观察螃蟹回来,这几朵睡莲的花瓣已经全部张开。其中,昨天已开放的两朵里面的雄蕊全张,而另一朵今天刚绽放,内圈雄蕊将雌蕊包住,站立的雄蕊花粉饱满,正等待着访花昆虫到来,这正是睡莲第一天花与第二天花的差别。这一切在不经意中发生,这一切不因人的认知与干扰而改变。

一盆睡莲如此,其他植物也如此,植物从远古一路走来,发展成今天的 30 万种,每一种植物都有许许多多的妙招。

浙江大学的唐建军教授曾经如是说:"植物不会行走,要更有智慧才能更好地生存繁衍。"

这朵睡莲中的部分花瓣与外圈雄蕊张开,内圈雄蕊将雌蕊包住,起到异花授粉的目的

云杉在其叶背面有两条气孔带,肉眼看是实的,实际上是有非常多的孔

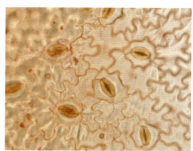
显微镜下番薯叶片上的气孔

不同的植物有不同的智慧,大到乔木,小到地衣。高等到被子植物,低等到藻类,或在深山,或在草地,或在水中,或在大漠,各种植物无不有其独特的办法来生存、繁衍、交流、分工合作、和谐共处、竞争或躲避天灾人祸。

动植物有细胞,有基因,便注定有了一切,我们至今还看不到基因到底是怎么样工作的,但远古的基因借着太阳能为动力,就如同一台永不停止的机器一样运转起来了。有了动力,细胞一分为二,二分为四,动植物不断长大,及时根据外界冷暖而采取不同的策略,或无性繁殖,或开花结果,或休眠,或以种子的形式渡过难关。

人与动物要呼吸,要吃东西,要喝水。植物也一样,其气孔是鼻子,一个个布满了叶面,植物通过庞大的根系把水分和养分从地里抽到叶片中,与叶片吸入的二氧化碳结合,加工生产……如同盖房子一般,一个个细胞在增加,草在变长,树在长高,花在开,日积月累,不可思议。

山里的悬钩子,鲜红诱人

人会关怀后代,植物呢?我们稍加留意就会注意到,豆子在豆荚的保护下慢慢成熟,百合种子在蒴果中得到保护,板栗的外面有坚硬的果皮,坚果的外面有带刺的总苞,设计得非常完美!

当我们夏天去山中,看到满山遍野的悬钩子结满了诱人的果实时,我们垂涎三尺,忍不住会去采来吃,兽类和鸟类也喜欢采食。吃了以后就完了吗?鸟粪之所在,新的悬钩子生命已经孕育。

曾经有一次去福州森林公园闲逛,发现了一群太阳鸟,热闹非凡,原来是福建山樱花盛开了,小鸟们或倒挂金钩,或直接取食,姿态非常优美。山樱花在这个过程中是否只损失了花蜜而毫无收获呢?

十几年前去闽西北考察,一路上野含笑竞相开放,每一朵花都芬芳馥郁,人凑近一点闻都要香晕过去。可第二天再走同一条路,没有一朵花有香味。这在笔者看来,是它们互相沟通后的统一行动。笔者对此非常好奇,于是安排学生专门进行研究,但因涉及的机理太多,究竟是什么原因,至今仍然是个谜。

因为以上种种,笔者经过了多年自然观察与探究,有所体会,接下来,将分门别类地尝试着对植物的智慧进行解密。

一次带孩子去福州森林公园,发现了一群叉尾太阳鸟在福建山樱花的花枝上或倒挂金钩,或直接取食,姿态优美,热闹非凡

第一章

生态智慧

动植物在一个生态大家园之内，互相约束、保持平衡、和谐共生。从生态系统的角度看，植物是地球上的生产者，借助太阳能进行光合作用，为地球上的动物生存奠定了物质基础。关怀后代、以量取胜等都是生态策略。又如真菌，作为生态系统中的分解者，把枯枝落叶、动物尸体与粪便清扫干净，变废为宝。且让我们来看一下植物都有哪些生态智慧。

1 / 获取光能

说到植物，大家都知道植物叶片细胞中有叶绿体，叶绿体中含有叶绿素，借助蒸散作用，把通过植物叶片上的气孔吸入的二氧化碳和通过根部吸收到叶片中的水分，在光合作用下加工制作成其自身的一部分。

在大自然中，东西南北以及平原、丘陵与高山的生态环境相差悬殊，植物也大相径庭，即便在一片林中，林冠层小生境跟林下层的小生境也迥然不同。

为了充分获得光能，热带稀树草原上树木如撑伞一般把枝条撑开，以尽可能多接受阳光。

热带雨林与亚热带常绿阔叶林所处的地方靠近赤道，光线太强，而热带雨林同时得到充沛的雨水与蒸腾雾气，因此热带雨林中的部分龙脑香科植物、桑科植物、茜草科植物叶片大，树冠高大，可以充分利用光照进行光合作用，在这些高大树木利用之后，光照强度与光质

阳光泻入一片亚热带常绿阔叶林

为了尽量获得阳光,热带的树木把其枝条尽情地撑开

第一章 生态智慧

热带雨林因雨水多与蒸腾雾气,树木长得很高大

发生了变化，林内各种植物可以充分利用不同层次的光照进行光合作用；而在亚热带广泛分布的樟科、山茶科、壳斗科、冬青科、金缕梅科植物，其叶片通常比较厚，表层有蜡质层，能把过多的光线反射掉。

在林下层，由于生态环境完全不一样，光线微弱，光照强度很低，光质也不一样，林下的一些蕨类植物、荨麻科植物、堇菜等，它们的叶片往往很薄，能够以最高的效率把从冠层透进来的些许阳光加以利用。

植物为了充分获得光照，在枝条与叶片的排布上非常讲究。随着植物不断长高，头一年的每一个枝条依次往前面或侧面长出一到多个枝条，这些枝条每年所长的长度也比较接近，年成好或管理得好，多长一点，过旱或过涝则长得短一点。枝芽抽出后，新叶长出，老叶已经完成其历史使命，基本上不再保留在树上，整个树冠大了一围。这些都发生在我们身边，我们可能视而不见，但是只要留意一下，就会注意到，其枝条、叶片很均匀地分布在树冠的上层，几乎可以捕获接收到的所有太阳能。

阳光泻在林冠层，有一部分被反射或折射了，大概70%~80%被高大乔木的林冠层所截获，只有一小部分漏过，而且光质也完全不一样了，因此，林冠层把阳光中红、橙、蓝、紫光都抢走了，漏进林内的已经不是很强的直射光了，而多半是漫射光，光质上多是绿光、青光。故而，林下的一些蕨类植物如翠云草及蛇根草、山酢浆草、星叶草都适应了这样的环境，由于不处于暴晒的环境，它们都显得很娇嫩。

低矮的植物是怎样尽可能地多接纳光照的呢？第1片叶长了之

由于林下光质的改变，从不同的角度看，翠云草明显折射出不同的翠蓝色

林下娇嫩的苔藓，叶片非常薄

西南山地密林下的延龄草，非常娇嫩

后，第2片叶从哪里长出来，从其上方、隔壁，还是对面？不知道各位在家洗过青菜没有。相信没有人拿量角规去量过青菜相邻叶片之间的角度。青菜等这些植物的叶从第1片到第2片，第2片到第3片，

位于马来西亚的龙脑香大树,树冠层已经把阳光过滤了,林下的光强明显削弱,光质也发生了变化

蓟的叶片上下尽量左右分开，以充分获得阳光　　百合的叶片也同样体现了充分得到光线的智慧

依次向上，都相差一个角度，就是为了避免上面的叶片挡住下面的叶片，使其无法获得光照、通风透气，无法进行光合作用，进而无法生产更多的碳水化合物。在第3章第4节将揭秘植物枝条上互生叶片着生的规律。

2 / 关怀后代

人类以会关怀后代为豪，但其他动物也一样会关怀后代。试想一想，如果动物不会关怀后代，能够一直存活到今天吗？例如，苎麻珍蝶的幼虫是比较挑剔的吃货，或者说它们的植物分类功夫非常好，基本上只吃荨麻科植物的叶片。这要归功于幼虫的妈妈，她产卵时就选择苎麻叶或其他荨麻科植物叶片背面产卵，卵孵化之时，妈妈已经去世，但幼虫已经衣食无忧，妈妈为它们的生存做好了充分的准备。

那么植物呢？其实，植物也会关怀后代。下面一些例子将告诉大家植物是怎么关怀后代的，有哪些方式？

植物关怀后代的方式很多，如用芽鳞保护幼芽，用拳卷护住幼嫩部分，用种皮、果皮、总苞保护胚胎，直接在树上胎生长出幼株，以

苎麻珍蝶成虫产卵会产在荨麻科植物的叶背面，幼虫孵化出来之后也基本上仅以荨麻科植物叶片为食

孢子囊群盖护住孢子囊群，等等。先来看植物是如何用芽鳞保护幼芽的。

对于植物来说，后代可以是种子，也可以是枝条和芽。然而，植物又不同于动物，一般一只哺乳动物只有一个鼻子、两只眼睛、四条腿，而植物可以在一棵树上拥有很多枝条和芽。所以，生态学家把植物叫"构件生物"。实际上枝条是芽抽出来之后长成的。

植物将其身体上最幼嫩的芽或芽上的生长点保护得最好。

人们在生活中对植物有很多误解，一般以为春天才有芽，其实很多植物在前一年就形成芽点了，只是平时休眠，待春天到来，温度升高时，芽才抽出。植物的芽按功能可分为花芽和叶芽，按有无鳞片包裹可分为鳞芽和裸芽。除热带、亚热带地区以外，很多树种的芽外侧都有芽鳞保护。

入春后，气温回升，樟树、桃树、山茶、润楠、杜鹃等很多植物嫩芽里面的生长点快速生长、分化，鳞芽开始萌动长大。这时，从芽外面看，芽鳞如同穿短了的衣服一般，待芽完全抽出来之后，芽鳞也就完成了其历史使命，自行脱落。这是植物对幼嫩的芽的保护，也可以说是对其后代的保护。

热带地区由于温度高，新芽生长速度快，如鸡蛋花，嫩芽无需鳞

2015 年 10 月 25 日野外调查时，注意到红楠鳞芽已经在枝头形成

片保护，但仍然会以先长出的叶将新芽团团围住，待新芽长硬实了才往外伸出。

还有些植物如紫玉兰、榕树的新叶和新芽靠的是托叶保护，托叶如同贝壳一般把新叶和新芽保护在里面。

盛开的紫玉兰和仍然在厚实的托叶中即将开放的花朵

了解了芽鳞、老叶和托叶对芽的保护作用后,再来看看竹类对芽的保护。

竹类是很神奇的一类植物,东坡居士曾经赞过:"不可一日无此君。"自古以来,吃的笋,是竹子的新茎芽;筷子,竹子所削;篮子,竹篾所编;笔杆,竹秆所制;庭院栽些竹子,可供欣赏入画。今天,竹子旧貌换新颜,呈现出了新的使用方式,如经过高压压制成地板、饭勺,或利用竹纤维生产纸巾。竹子依然是很多山区林农的重要经济收入来源。

竹林地下是相连起来的竹鞭状走茎,竹鞭比较细,每一节上都有芽,平常芽都处于休眠状态中,冬季或春季才在每段鞭上醒来一个芽。冬季冒的芽多半因温度太低而"胎死腹中",春天冒出的芽才能长出土,进而长成高大的竹子。

竹笋从芽开始,慢慢长大,破土而出,力量大到可以掀翻挡住它冒出的石头。在这个过程中,保护笋的是一盔甲,如同穿了一件又一件厚的衣服,亦即笋箨。笋箨中纤维发达,

4~5月,竹笋在个把月时间长到老竹一样高

山区农民赖以为生的竹林

外面有很多毛，里面是光滑的。竹笋在长高的过程中，笋尖被保护在笋箨里面，里面的温度比空气中高几度，保护笋尖不受低温冻害；雨季时，雨水顺着笋箨表面的毛往下流，保护竹笋不受雨水的影响；笋箨还可以阻止象鼻虫的钻噬。在整个笋期，笋箨把笋保护得严严实实，直到笋长高长大了，笋箨才脱落，功不可没！

谈完了笋箨对笋的保护，再来看看板栗和椰子是如何保护后代的。

板栗是壳斗科家族的一员，壳斗科植物的坚果富含淀粉，是许多动物喜欢的食物，那要怎么样才能躲过被吃的劫难呢？板栗树进化过程中做了精心设计。种子先穿了一件涩涩的、软软的"衣服"，称为种皮，种子外面有一层坚韧的果皮，外面再穿了一件"盔甲"——总苞，非常坚韧。在自然成熟时，板栗、锥栗、甜槠，以及另外一个近缘家族——桦木科的榛子的坚果从高高的树上落下，都因为这一层坚韧的"果皮"而安然无恙。种子的外面还包被了一层柔软的种皮，起着防震作用，可以避免种子落下后破裂。在板栗还没熟时，藏在带刺的总苞中安逸度过，跟人类的十月怀胎一般。这总苞的刺，让很多动物望而生畏，在树上窜来窜去的猴子虽然也喜欢板栗，但也只能望而却步。

板栗用种皮、果皮、总苞三层不同的"衣服"保护着下一代

热带海边的椰子林,椰树上果实累累,繁衍的下一代往往在遥远的异地

椰子是大家都熟悉的植物了，想必大家都喝过椰子汁或椰奶，但椰子汁来自椰子中的什么部位？椰子是怎样生根发芽的？恐怕大多数人都只是一知半解而已。

椰子是长在热带的棕榈科植物，结的是核果。为了保护其后代，椰子设计了非常复杂的果皮，分外、中、内三层：外果皮薄，没成熟时多半绿色；中果皮厚纤维质，在里面一层又一层交织成网；内果皮木质而坚硬。果腔含有胚乳（椰肉）和胚，一开始果腔内并没有汁液，汁液都在胚乳中，慢慢成熟了，果肉归果肉，汁液（椰子汁）保存在果腔中了。椰子一般生长在海边，是适应海漂的植物。椰子成熟掉到地下，滚入海中，纤维质的中果皮吸水膨胀，增加浮力，里面的内果皮坚硬，密不透水。于是，椰子在海面上漂呀漂，当漂到另外的沙洲上时，里面的胚芽以果腔中的胚乳作为养分，加上汁液的滋养，新芽就从萌发孔长出成为一棵新的椰子树。椰子树寻找新大陆，远比我们人类早很多很多年呢。

再来看看长在海边的红树植物——秋茄树（台湾称"水笔仔"，更为形象）。猜一猜，从照片中（见下页）看到的像笔一样的东西是什么？果实吗？不是！种子吗？也不是！那是什么呢？原来，秋茄树的果实位于笔帽下方，有点像圆锥形，果实并不大，在果实里面还有几粒种子。由于红树植物长在热带、亚热带海岸潮间带，一般果实掉下来，如泥牛入海，肯定淹没了。秋茄树为后代考虑得很周到，让种子在树上发芽，长出一根长长的东西，人们把这根东西叫"胚轴"，也就是我们在图片上看到的像笔一样的东西，其实上面还没有根，也还没有叶。等胚轴长大到差不多20厘米长，才从果实上脱落下来。由于胚轴下面粗上面细，一掉下来就如同飞镖一样，可以顺利插立淤

从秋茄树果实上萌发长出胚轴,如同挂了很多"笔"

泥或招潮蟹挖的洞中，然后，下端向四周长出根，顶端长出枝叶。万一没插入淤泥怎么办？胚轴可以跟椰子一样，漂呀漂，而且是立着漂，漂到其他淤泥质的海滨，也可以生根发芽，成为异乡的客人。

种子植物在成长过程中对种子的保护做得非常好。在花的设计上，先花萼，再花冠，再雄蕊，把雌蕊保护在中间；雌蕊又分柱头、花柱、子房，由子房保护着未来的后代。种子植物的子房形形色色，由2个心皮、3个心皮或5个心皮组成，共同把里面的后代保护好。一旦授粉成功，花粉粒长出萌发管进入子房，把精子送到里面与卵细胞融合成功后，花瓣、雄蕊才完成历史使命，但如同妈妈一般的子房还要担负起十月怀胎的功能。受精卵慢慢长大而形成胚，与此同时，还为胚配备了胚乳，成熟的子房就是果实，里面的种子则包含了胚和胚乳（部分种类中胚乳的作用由子叶完成）。

除了前面提到的坚果、核果外，豆科植物一直用荚果保护种子，直到其成熟才裂开；油菜一直用角果保护里面的油菜籽直到其成熟；八角茴香的蓇葖果如同骨头一般硬，让里面的种子毫发无损；胡萝卜的双悬果直到种子成熟了才把果实撑开，让种子好找个好去处。

下面再来看看蕨类。很多蕨类刚长出来都呈拳卷状，例如，蕨菜。为什么会这样？这是因为蕨类要护住新生叶，这是一种关怀后代的策略。

不仅蕨菜如此，几乎所有的蕨类都如此，它们用拳卷方式保护里面其最幼嫩的部分——生长点。乌毛蕨科、鳞毛蕨科的蕨类有鳞片，则鳞片配合拳卷方式共同起保护作用；紫萁科蕨类新叶长有细柔的蛛毛，则蛛毛也起到部分保护作用。大自然不可思议至此，无以复加！

假苹婆到种子成熟时才打开果荚

抽新叶如此,那繁殖后代呢?我们不妨来看一下一种鳞毛蕨——阔鳞鳞毛蕨。这种鳞毛蕨在叶片背后(实际上叶片很大,这些完整的是小羽片)很规则地长出了5~7对小包,这些小包被称为"孢子囊群"。不仅如此,一个孢子囊群犹如一栋房子,房子防雨得有屋顶,于是,孢子囊群上面覆有孢子囊群盖。孢子囊群盖如小鸟孵蛋一般,一直保护着孢子囊群里面孢子囊中的孢子,直到孢子成熟,孢子囊群撑开,孢子囊里面一道机关弹开,孢子才释放出来。

不同的蕨类,孢子囊群不一样,孢子囊群盖的形状也因之而改变。例如,凤尾蕨、栗蕨都是从叶片的边缘特化出一层膜,反卷回叶背盖住孢子囊群;碗蕨科的边缘鳞盖蕨的孢子囊群盖如同小碗一样把孢子囊群保护在里面。

跟前面说过的幼叶会拳卷起来的蕨类不一样，原始的石松、卷柏更早地出现在地球上。石松的茎藤蔓状，叶很小，绕着茎长。卷柏叶片排成4列长在茎上，到要繁衍后代时，枝条顶端变成楼房一般，叶片（即大、小孢子叶）像墙壁，保护大、小孢子囊在里面孵化。

再往低等一点的孢子植物真菌看，我们也会发现许多不可思议的现象。例如，菌丝在短短的几天时间内，向地上快速伸长，绞成一团，从无形的菌丝体变成了有特定形状的灵芝、羊肚菌、牛肝菌、竹荪等，

瘤足蕨在幼嫩的时候拳卷状，嫩羽片都朝向中间护住最幼嫩的部分

大里白幼嫩时鳞片也加入帮忙保护的行列

紫萁的拳卷叶上有蛛毛保护幼嫩部分,逐步长大时蛛毛才脱去

造型奇特，仿佛是另外一个世界。其中，伞菌在菌盖的下面形成如木片一样的栅栏——"菌褶"，在菌褶上长孢子，借菌盖保护其孢子免受雨水冲刷。

曾经见过一种很小的真菌，长在枯枝上，非常精致，形状跟蛋挞一样，叫做"鸟巢菌"。鸟巢菌的孢子如同鸟蛋一般，放在这个蛋挞内，而且没成熟的时候有盖子盖住，成熟后盖子才打开。

地星的孢子在像莲子一般的孢子体内成长，成熟的时候才从顶端的孔喷出。

以上种种例子都表明，无论是高等植物还是低等植物，都有它们自己保护后代的智慧。

深绿卷柏的孢子囊藏在枝条顶端孢子囊穗的孢子叶中

地星在林地内常成群生长，孢子只有到成熟的时候才会由顶端喷出

阔鳞鳞毛蕨叶背排列整齐的孢子囊群

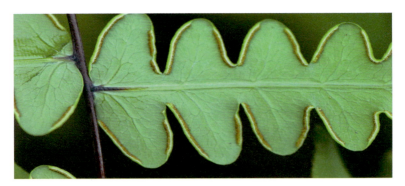

栗蕨叶片背面的孢子囊群盖从边缘反卷进去，以保护孢子囊群

边缘鳞盖蕨的孢子囊群盖从背面叶肉长出，向叶边开口，以保护孢子囊群

3 / 以量取胜

曾经有生态学家提出过生态策略，把生物分成以质取胜和以量取胜两大类。人类、大象、大树都是以质取胜的，例如，人出生以后，还要被抚养到十八岁，有点像慢工出细活，但是很多动物可没这么大的福气，一生下来就得会走路。还有一些动物走的是另外的策略，即以量取胜。例如昆虫，一次产卵产很多，产完卵后父母就去世了，而从卵里面孵化出来的幼虫举目无亲，长大一点就从幼虫结茧为蛹，从蛹化为成虫，历经千辛万苦，每一个过程都死伤无数，甚至还会因人类喷洒的农药而导致残废、死亡。

植物界中，也有很多是以量取胜的，但相比于昆虫，还是要幸运得多，因为在自然界让植物种子被洗劫一空的情况难得一见。当然，被人类盯上的兰花、药材或名贵木材……自是例外。

兰花蒴果中种子特化，其体积和内含物减少，因此种子极为细小，一朵花结的蒴果里面有数万到数十万粒种子。但是，兰花种子萌发较为困难，再加上森林生境破碎，不少人随手采撷据为已有，以至于幽谷兰香不再。

菊科植物也是以量取胜的典型。例如，在路边很常见的千里光，每一株上有几百个头状花序，每一个头状花序上有上百个瘦果，瘦果落地后，只要来年时节到来，又可以长出许多植株。又如，破坏草，也叫紫茎泽兰，进入云南后，因繁衍快速，目前已泛滥成灾。

禾本科植物基本上也是以量取胜的典范。例如，每一丛狼尾草有几十串穗，每串穗上有几百粒种子，而且都非常耐贫瘠。又如，红毛草、大黍、铺地黍等都因为以量取胜，所以很快侵入到很多地方而成为优势杂草。

自然生境中,这一个个蒴果之中,兰花的种子数以万计

此外,如蔷薇科的金樱子或野蔷薇,在 4 月初的开花时节,漫山遍野,一株上的花序有数百个,每一花序上有花数朵,每一朵花所结的果实中有十多粒种子,所以一株的种子常达数千粒。

蕨类植物多在叶背形成数百个孢子囊群,一个孢子囊群中有数百个孢子囊,孢子囊中有众多的孢子,成熟后才弹出孢子。

真菌的孢子不计其数。例如,粒皮马勃里面冒出孢子时,如烟雾飘扬,足以说明其小而多。固然其他真菌同样有很多孢子,但人类在采红菇、冬虫夏草、灵芝、松茸时,往往贪得无厌而斩尽杀绝,导致本该很多的真菌在有些地方都没有了。其实,如果人类不那么贪心,留一些真菌让其孢子成熟散发出来,就可以确保永续利用。

菊科的破坏草,原产于墨西哥,曾经作为观赏植物在世界各地引种,因其花序极多,繁殖力强,在各地泛滥成灾

一丛狼尾草有几十串穗,每穗有几百粒种子,也是以量取胜的典型

/ 植物的智慧 /
自然教育家的探索与发现随笔

漫山遍野都是金樱子花，每一朵花所结的果实中有十多粒种子，所以一株的种子常达数千粒

可以从燕尾蕨暴开的孢子囊群中看到成千上万的孢子，数都数不完

粒皮马勃成熟时，里面飘出的孢子如烟雾一般

在云南德钦一带,因为松茸价钱好,连未开伞的童茸都被采了。后来,白马雪山国家级自然保护区介入,制定了乡规民约,规定只能在菌盖张开后才能采,这样可以确保孢子有机会成熟散落,可以继续繁殖,松茸也可以持续发展。

4 / 互利共生

生态学上,很多动物和植物是互利共生、协同进化的。例如,地衣中的真菌和藻类协同进化,两者互相配合,取长补短。

石蕊地衣由藻类与真菌共生,成熟时非常漂亮。曾经有生物学家做过实验,把红头石蕊中的藻类与菌类完全分开,发现它没法成形,也长不出类似于红珊瑚的部分。

红头石蕊由藻类与真菌共生,成熟时果柄上的子囊盘非常漂亮,如同红珊瑚一般

桑科榕属植物是个大家族，无花果、薜荔、爱玉子、榕树、高山榕、地果、印度橡皮树都是榕属植物，它们是典型的动植物互利共生的案例。你见过榕树开花吗？没有！榕树都是隐头花序，花长在一个花托上，然后花托像包子皮一样把花卷起来，所有的花都反包在了隐花果那样的形状里面。所以，不打开隐花果，就看不到里面的花。那榕属植物传粉怎么办呢？这得仰赖榕小蜂。榕小蜂可以从榕果顶端的洞口钻进去，洞口有倒刺一样的毛刷，使榕小蜂能进不能出。

果榕的树上挂满了隐花果，内藏饱满的小种子

粗叶榕、笔管榕（从左至右）各有类似的隐花果

大果榕的隐花果顶端与外界的逆毛孔,让隐花果里面的榕小蜂能进不能出

5 / 变废为宝

作为生态系统中的分解者,真菌及土壤内的小动物都起着非常大的作用。在森林中有不少倒木、枯立木、落叶,还有腐根,森林中的真菌和土壤中的小动物通过吸收利用、排泄还原,把这些倒木和枯枝落叶等分解,让养分、物质等归还生态系统,让林中的其他植物重新利用。

是不是所有的真菌在生态系统中有同样的作用呢?不是。在生态系统中,它们分工协作得非常好,不同的真菌所起的作用是不一样的。

对于刚刚死亡的枯立木来说,香菇、云芝等捷足先登;倒木和树上掉下的枯枝往往由红白毛杯菌、木耳、银耳、盘菌、树舌等分解;落叶往往由皮伞等帮忙分解;枯根则可能由红菇帮忙分解。

枯枝上长满了木耳，让枯枝加速腐朽，方便植物再利用

枯立木上长着的香菇起着分解作用,会将木材还原成养分回归大地

林内地面枯枝上生长着银耳,扮演着分解者的角色

/ 植物的智慧 /
自然教育家的探索与发现随笔

· 052 ·

以枯根为养分来源的佛手菌扮演着分解者的角色

· 兴趣活动设计 ·

1. 分组观察并交流讨论身边小草或树冠的光线接收面的密闭程度；
2. 分组寻找并交流讨论身边植物的芽、果、笋、幼嫩的蕨等保护后代的妙招；
3. 分组寻找并交流讨论以量取胜和以质取胜的植物及其方法；
4. 借助显微镜或放大镜观察掉落的无花果与其中的榕小蜂；
5. 分组寻找并交流讨论分解枯立木、枯枝等的真菌以及从土壤中长出的真菌，并进行分析比较。

第二章

生理智慧

植物的生理智慧是指通过新陈代谢来适应地球上各种生态环境的智慧，各种初生代谢、次生代谢都是生理智慧的体现，实际上后面的化学智慧与部分拟人智慧也是植物生理智慧另一面的展现。本章着重于抗逆方面的智慧，例如，避免被吃，耐受干旱、严寒、风沙、潮汐、急流、火灾等的智慧。

1 / 以木质化抵御啃食

植物与动物的关系是复杂的，植物需要动物帮助授粉、传播种子，但是，如果动物过度利用植物，则植物无法维持下去。植物在成长过程中，含水量多的幼嫩部分转变成了含水量少的硬而老的部分以避免被动物啃食。例如，毛竹，刚长出来时茎秆的粗细和成熟后是一样的，但其硬度不一样，刚长出来时，茎秆很娇嫩，一个月后木质化，可承受狂风吹袭，两三年后，茎秆的韧性、硬度十足，四五年后，有点黄绿色，更老的竹秆渐渐偏白色并产生老年斑。

大部分木本植物不光有生长点，也有形成层。在树木中，形成层往内长成木质部，俗称"木头"，往外形成韧皮层，俗称"树皮"。向内生长的木质部细胞富含木质素并逐渐木质化，主要功能是把水和无机养分泵到冠层。在温度高、水分足的季节，形成的细胞较大，随着温度越来越低，细胞越来越小，甚至停止生长，待来年春天才开始再次生长，树木的年轮也因此形成。

木质化不仅仅是满足水分与养分运输的需求，坚硬的质地还可以

在这株铁杉倒木上可以看出，树木都是靠每年积累一小圈而逐渐变粗的

避免昆虫与大型动物啃食，也可以使植株经受风吹雨打。人类已经改朝换代多次，但很多大树依然屹立在村旁或山中，这无疑与树的木质化有关。

不同的植物，其木质部的木质素或其他化学组成并不一样。例如，樟树有精油等物质，能够防止昆虫啃食，而银杏体内也有氢氰酸、白果酸、白果酮等成分，亦让昆虫望而生畏。

一株粗大的古樟见证了人类千年的朝代更迭，我们很难想象它树干中千百条的年轮

2 / 减少水分蒸发

生物体内 2/3 是水分，不妨说生物体都是水体。如果动植物体失水过多，生命必难以为继，故而绝大部分植物在体内失水过多时都会干死，但有些地衣、苔藓或蕨类植物在失去水分后，还可以再次活过来。

以蕨类植物卷柏为例，卷柏俗称"九死还魂草"，在过于干旱失水时，卷柏把枝叶卷向中间，关闭气孔，进入休眠状态，以减少水分蒸发，叶也可能因失水变得枯黄，但一旦空气中湿度升高了或土壤中有水了，马上恢复生长。

虽说卷柏为"九死还魂草"，但要在大自然中生存也非常不容易。有些游客误将它认作杂草，顺手一抓就拔掉一株，还以为会很轻易地重新长出，可谁也不曾想过，矮矮的一株卷柏可能长了很多年才长到 20 厘米高，经过百年才长成这么一片。这一拔，可能得再历经百年才能恢复起来。

卷柏也称为"九死还魂草"，能够在岩石上挺过极度干旱

苦苣苔科植物往往在叶面上有一层厚厚的柔毛,以防止水分蒸发。因此,在一些干旱瘠薄的岩石上经常可以发现成片的苦苣苔科植物。它们在夏天雨水足的时候,成片地开出美丽的花朵并结果,完成最关键的过程,万一干旱季节植物体枯死了,还有种子可以延续后代。

兰科植物能够通过景天酸代谢途径在干旱的环境中生长,有些兰科植物肉质的气生根会发育出一种海绵状表皮的根膜,能够吸收空气中仅有的一点水分或降雨时石头与树皮上的水分。也有很多兰科植物有假鳞茎,以此贮存水分,确保水分不足时的水分补给。

很多景天科、虎耳草科、仙人掌科、大戟科植物的叶片,甚至茎干会肉质化,用来贮存水分,以备干旱之需。

松科植物的松针横截面为半圆形,以减少水分蒸发。夹竹桃则把气孔长在特定的气孔窝里,在干热的时候可以减少水分蒸发。

苦苣苔科植物大花石上莲趁着雨季成片开花

石仙桃以假鳞茎来避免干旱时水分的不足

一些景天科、虎耳草科、仙人掌科植物（从左至右）叶片肉质化，用来储存水分，以备干旱之需

松科植物的松针横截面为半圆形，减小面积以减少水分蒸发　　　夹竹桃把气孔长在特定的气孔窝里以减少水分蒸发

3 / 降低冰点越冬

各个地方都有冬季，尤其是高纬度与高山区域，生活在这些地方的动植物都要忍耐严寒。

众所周知，水在零摄氏度结冰，结冰后，冰晶锋利，如果存在细胞中，冰晶会很轻易地割破细胞膜。那怎么办？

鹿蹄草是如何防寒的？鹿蹄草通过在细胞中大量贮存可溶性的五碳糖、黏液、胶质等来降低冰点，可使其体内冰点从零摄氏度下降到零下31摄氏度。人类受这类植物的启发，还因此发明了甘油等，涂抹到手上或脸上，可以防冻伤。

石蒜、黄精等则以鳞茎、根茎等在枯枝落叶的保护下度过严寒。

一年蓬、窃衣、马齿苋等很多一年生植物，则直接以种子的形式来越冬。

鹿蹄草体内富含五碳糖等，可以防冻

冬季，石蒜的鳞茎受到枯枝落叶的保护，也可度过冬天严寒

一年蓬一般在5～9月开花，果实成熟以后全株枯死，然后以种子越冬

4 / 以耐磨蚀结构抵御风沙

在大西北或南方海滨,风沙来的时候漫天蔽日,风速很大,风所挟带的沙粒很容易割伤或压死一般的植物,这些沙土可以在一夜之间形成一座山丘,甚至淹埋一个村庄。生长在荒漠或海滨沙滩的植物都具有耐风沙磨蚀的生理结构,例如厚藤,其茎具有蜡质层,可以抵御风沙。

厚藤的茎具有蜡质层,可以抵御海岸吹袭的风沙磨蚀

5 / 以支撑、呼吸与泌盐结构适应潮间带环境

前面曾提及红树科植物长在海岸潮间带,在这样的生态环境中,必须经历涨潮与落潮。潮水来袭时,波涛汹涌,长在潮间带的红树科植物却岿然不动,这是为什么?原来,为了适应潮汐环境,很多红树科植物从树干的不同高度往下长出许多不定根,起支撑作用,像一根根拐杖一样把红树扶着,避免其被潮水冲倒,或被风刮倒。

植物跟人一样,得呼吸,根部被淹了怎么办?一种办法是在体内修建四通八达的管道,让氧气从叶片上送下去,同时将根系吸收的多余盐分由叶表排出;另一种办法是根部向上伸出呼吸根。红树植物海桑、海榄雌都选择了从泥土中的根部向上长出很多呼吸根,解决了海水淹了泥土之后的树木呼吸问题。

蜡烛果、互花米草能够吸收海水中的盐分,在其叶片上有独特的盐腺,通过盐腺把盐分从叶片上泌出。

红树科植物为适应涨潮落潮的动力影响,长出许多支柱根以避免被冲倒

红树植物蜡烛果(又名桐花树)能够通过叶片上的盐腺及时排去从海水里吸收的盐分

海榄雌（又名白骨壤）靠密集的呼吸根来解决涨潮时氧气不足问题

6 / 以形态变化适应水体流动与水淹没

河沟中流水潺潺，长期生活在流水环境中的植物采取了哪些措施？以眼子菜科的植物为例，为了耐受流水的扰动，其叶片长成丝状。

在水淹没的生境中，为适应光照不足或二氧化碳不足，金鱼藻、狐尾藻、石龙尾的水中叶片也丝状羽裂，以增加叶接受光照与吸收二氧化碳的面积。

眼子菜长长的枝叶随着水流摆动，充分利用氧充足的水流

为适应光照或二氧化碳不足,石龙尾水面的叶子细短,但沉水叶丝状羽裂宽又长,以增加叶接受光照与吸收二氧化碳的面积

7 / 以树皮和种子应对火灾

人类和动物都怕火灾,很多植物也怕火灾。

但天有不测风云,雷电、人类都可能带来火灾。在这个过程中,也有因祸得福的。实际上,很多裸子植物都是适应不定期火灾的。

山林火灾发生后,大多数的植物都会被烧死,只有特别高大的针叶树,因火舌烧不到树冠或厚厚的树皮保护着树干,在大火后仍能幸存下来,也有很多常绿阔叶树不容易引燃而幸免于难。一些裸子植物球果中的种子包覆在厚厚的种鳞下,成熟后掉到树下,但潮湿的地表并不利于球果散布种子。当火灾来时,高温帮助烤裂球果种鳞,让种子得以接触水分而在灾后发芽。例如,马尾松、铁杉就是以其树皮和

挺拔的马尾松的树皮很厚,树木高大,不容易着火。其种子在火烧后的空地更容易萌发出来

木荷的燃点高,遇到森林火灾时,不容易烧起来

种子适应火灾的。不定期的火灾导致了有些地方维持在针叶林阶段,而无法向阔叶林演替。

木荷、杨梅、马蹄荷、铁冬青、木莲、蕈树等常绿阔叶树种,其含水量高,叶片与树皮较厚,树冠浓密,燃点高,遇到森林火灾,不容易燃烧起来,因此被南方山区筛选作为生物防火树种。

/ 植物的智慧 /
自然教育家的探索与发现随笔

第二章 生理智慧

铁杉、冷杉以其耐火、风媒传粉、耐寒的特征而占据了山顶

8 / 以休眠应对寒冬与旱季

人在夏季会少穿衣物,在寒冬穿棉袄;恒温动物在隆冬以厚厚的脂肪或厚而长的毛越冬,到夏天才换毛。

植物有所不同,在其生长过程中,如果生长条件不适宜,植物体内就会产生一些抑制植物生长的激素——脱落酸、乙烯等,这时果实或叶片就会脱落,停止生长,进入休眠状态。例如,持续干旱时,根部感受到之后产生脱落酸,传送到叶片,使气孔关闭,减少蒸腾,甚至使叶片脱落,果实也可能提早掉落;或冬季到来之时,生长季节结束,很多植物已经做好准备,在叶柄与枝条之间形成离层,叶片变黄、变红,脱落,而后树木进入休眠状态,度过严寒。

小檗、台湾红榨槭、银杏(从左至右)等植物的叶变红或变黄,然后落叶以越冬

蓝果树在冬季到来前叶色变红,开始落叶

· 兴趣活动设计 ·

1. 分组观察并交流讨论以活的植物木头为食的昆虫,寻找几乎没有昆虫啃食的植物;
2. 分组从岩石上或树皮上寻找耐干旱的植物;
3. 分组观察并交流讨论植物是如何越冬的;
4. 分组在海边或沙丘寻找耐磨蚀的植物;
5. 分组寻找溪流中的植物,并交流讨论其形态特征;
6. 分组寻找并交流讨论适应火灾的植物。

第三章

数学智慧

我们人类会数学，而一般认为如果猴子、海豚能够做加减运算就很了不起了。其实，我们小看动植物了。

本章通过很多例子带大家领略植物所体现出来的稳定基数、加法、乘法、数幂、数列、几何图形、平行与夹角、自相似等数学智慧。

1 / 花与叶具有稳定的基数

人们从小就开始学习算数、加减乘除，恐怕不会认为动植物也会算数，也会加减乘除。但只要到自然界中仔细观察一下就会发现，植物对于其花、叶、果实、种子及雌雄蕊、花瓣、叶脉、棱的基数的把握是非常恒定的。

随便去周边观察一株植物，你会发现，这些植物的叶或互生，或对生，或轮生，都非常有规律；其花或3基数，或5基数，也非常稳定，未见有哪一种植物违背自然规律，乱长一气。

这是一棵台湾独蒜兰，每株就1片叶、1朵花，而且都4月份才开花，不会乱长。很多植物的叶都是单叶互生，如木兰科、十字花科、壳斗科、榆科、冬青科、山矾科、禾本科的植物。

再来看看蝶形花科（豆科）的丁癸草，它的叶片是偶数羽状复叶中最简化的，每一羽状复叶就由2小叶组成。蝶形花科、苏木科、含羞草科植物，要么是单叶，要么是3小叶、5小叶或7小叶组成的复叶。

花2基数的有罂粟科，其花萼2，花瓣看起来是4，实际上是2的倍数；木犀科植物的雄蕊是2枚（少数为4枚）。

台湾独蒜兰,一株就1片叶、1朵花

铁海棠上的花的苞片为2片

油桐叶片,显示其叶柄顶端的2个腺点

木犀科女贞属植物的雄蕊都是2枚

如果从节上着生的叶片数量来看，2基数的就比较多了，例如，卫矛科、槭树科、木犀科、茜草科植物的叶多半是单叶对生的，即一个节上2片叶。很多植物叶柄基部有2片托叶，或叶柄上有2个腺点。

原始的被子植物的花基本上是3基数，即子房的心皮可能是3，雄蕊是3的倍数，花瓣是3，萼片是3。例如，樟科、番荔枝科、小檗科、莼菜科及水鳖科、鸭跖草科、百合科、禾本科、兰等单子叶植物就是如此。也有很多植物的叶片是3小叶的，例如，车轴草、葛藤、云南黄素馨、酢浆草、枸杞等。一些夹竹桃科植物如夹竹桃、软枝黄蝉的叶片为3叶轮生，即每个节上3片叶。

4基数的植物不算多。花瓣4基数的有罂粟科、十字花科、白花菜科、山柑科、柿树科、木犀科、胡颓子科和有些金缕梅科植物。四照花属植物的总苞片4，花瓣4，雄蕊也4。

叶4基数的植物也很少，常见食物落花生是4小叶，为偶数羽状复叶。4叶轮生的种类有黄精，还有桔梗科的一些沙参种类。金粟兰科植物往往是4叶，两两对生，但严格说来，是2基数，因为其节间缩短到几乎可以忽略不计。小叶四叶葎看起来4叶轮生，实则是2叶对生，另2叶起源于托叶。

5基数植物似乎拥有更有利的条件，不论是在叶片争取阳光，还是在花朵招蜂引蝶授粉等方面，都有不错的回报，故在植物界大爆发，类群与种类非常多。以花为例，石竹科、毛茛科、锦葵科、蝶形花科、蔷薇科、景天科、杜鹃花科、桔梗科、龙胆科、菊科的花都为5基数，即它们的萼片、花瓣基本上是5片，雄蕊是5或10枚。在叶片上，有羽状复叶、掌状复叶，也有5裂掌状叶。例如，刺五加、亮叶崖豆

堇菜属植物的花都 3 心皮，其蒴果成熟时 3 瓣裂

斯里兰卡水金英和水菜花的花瓣 3，和很多单子叶植物一样，花都是 3 基数

扁豆的叶片是 3 小叶的奇数羽状复叶　　　酢浆草的叶片是 3 小叶的掌状复叶

毛草龙（左图）与柳叶菜科的很多柳兰都是4基数的花瓣，花瓣上的维管束很明显，容易一眼看出；落花生（中图）是4小叶，为偶数羽状复叶；四照花（右图）的总苞片4（白色），花瓣4，雄蕊也4

藤等。它们的小叶都依接受光照的强弱，调适出理想的长短，可明显看出中间或尾端小叶较长。

基数大于6的花朵几乎没有，熟悉的射干、百合花、鸢尾、油点草、玉簪等的花朵实际上是3基数，差不多都是3花萼+3花瓣。至于那些重瓣花，基本上是栽培种。

超过7基数的植物，常见的叶形有掌状复叶、羽状复叶及掌状浅裂。例如，七叶树、八角莲、一把伞南星、十大功劳、田菁、悬钩子等。

箭叶秋葵、红花酢浆草、桔梗（从左至右）的花瓣也都是5片，可以满足来自任何一方的蜂类采蜜

湖北海棠是蔷薇科植物,其花瓣为 5 片,蜂儿可以从任何角度进入花朵做有效的授粉

刺五加的掌状复叶由 5 片小叶组成

一些悬钩子属植物的叶片为 5 裂

射干花很像 6 花瓣,实际上花被片分 2 轮,外层 3 片较大,内层 3 片稍小

台湾海岸美丽的金花石蒜初看也好似 6 花瓣

第三章 数学智慧

艳红鹿子百合,实际上是 3 萼片 +3 花瓣

油点草 3 片大的是花瓣,稍小的 3 片是花萼

田菁羽状复叶有数十片,上下羽叶仍坚守黄金角度,互补阙漏

十大功劳的羽叶也远远超过 7 数

天南星科的磨芋，叶型掌叶多回羽裂，深裂小羽叶更多到数不清

2 / 花瓣或雄蕊的分化

有些植物尽管是 5 基数，但实际上是有分化的。例如，蝶形花科植物一般为 5 花瓣，其中，旗瓣最大片，覆盖在花朵上方；翼瓣有 2 片，在旗瓣下方的两翼；龙骨瓣有 2 片，在翼瓣之内，包住子房。所以，蝶形花科植物的花瓣，基本上是：旗瓣 1+ 翼瓣 2+ 龙骨瓣 2。

又如，杜鹃花科植物的花瓣，可以看成是上唇 1+ 下唇 4 或上唇 3+ 下唇 2；唇形科植物的花瓣可以看成是上唇 2+ 下唇 3 或上唇 1+ 下唇 4 甚至是上唇 0+ 下唇 5。

雄蕊也存在分化现象。例如，蝶形花科植物为二体雄蕊，9 枚雄蕊基部连在一起，另外 1 枚分开，为 9+1 的定式；十字花科植物为四强雄蕊，6 雄蕊中，4 长 2 短，为 4+2 的定式；紫葳科植物与唇形科植物为二强雄蕊，4 雄蕊中，2 长 2 短，为 2+2 的定式，许多马鞭草科植物也如此。

杜鹃花科马银花的花瓣，可以看成是上唇3+下唇2，上面3瓣内面具紫红色斑点

豌豆与常春油麻藤（从左至右）的旗瓣、翼瓣都明显，龙骨瓣抱着果荚，隐藏在两翼瓣下方，花瓣是1+2+2的组成

鸡冠刺桐的龙骨瓣中包10枚雄蕊，是二体雄蕊，其中9枚基部连在一起，可以说是9+1的定式

油菜的雄蕊6枚，4枚长，2枚短，又称四强雄蕊

龙吐珠的雄蕊4枚，2枚长，2枚短，是2+2的定式

3 / 花与叶中的乘法

樟科植物的花基数是3，雄蕊往往有9~12枚，即每轮是3枚雄蕊，排列3~4轮。例如，樟树就是12枚雄蕊，分内、中、中、外4轮。更有甚者，有的樟科植物雄蕊多达27枚。

金丝桃科与含羞草科植物的雄蕊非常多，排列更复杂，会分成3小束、4小束或5小束的多体雄蕊，每1束含雄蕊25~35枚。

一些淫羊藿种类的复叶对生，例如，三枝九叶草便是二回三出复叶，共有9小叶，相当于2×3叶+3叶。

润楠属植物的能育雄蕊共有3轮,每轮3枚雄蕊,共9枚,为3×3的定式

金丝桃的雄蕊分成5束,每束有雄蕊25~35枚

有些种类的淫羊藿的复叶为2×3叶+3叶

4 / 最有效获得太阳能的排布

地球上的植物在演化过程中呈现出的数学智慧出乎我们意料，例如，石莲、大蓟、菊芋等很多植物叶片的着生与排布位置，都符合斐波拉契数列规律，是最有效获得太阳能的排布；又如，向日葵、大丽花和兔尾草盛开的每一朵小花，也都符合斐波拉契数列规律。

很多叶互生的植物在第 1 片叶片长出之后，按逆时针方向转 137.4667°（约 137°28′）长出第 2 片叶，如此往上转到第 4 片叶，与第 1 片接近于上下重叠，但不完全重叠，到第 6 片转了 2 圈、到第 9 片转了 3 圈、到第 14 片转了 5 圈、到第 22 片转了 8 圈，才几乎跟底下第 1 片保持在同一个方向。当然，在野外很难同时看到第 1 片与第 22 片。用 137.47 乘以 21（第 22 片），约等于 2886.8，除以 360°，等于 8.019。上面的 1，3-1=2，4-1=3，6-1=5，9-1=8……构成了斐波拉契数列：1+2=3,2+3=5,3+5=8…… $F[n-1]+F[n-2]=F[n]$（$n>2$，$F[1]=1$，$F[2]=1$）。

石莲按顺时针方向转 137°28′ 后长出下一片叶

笔者对石莲靠近顶部的 22 片叶进行了标记，新叶片的长出严格遵循斐波拉契数列的规律。

在向日葵与大丽花的花托上，小花实际上是从外向内逐渐成熟的，但不论从左内往右外侧看，或是从右内向左外侧看，小花都如画弧线一样排得非常整齐，而且是相互对齐交织成网的，可以说是美妙绝伦。

向日葵小花是从外向内逐渐成熟的,小花如画弧线一样排得非常整齐,而且相互对齐交织成网,美妙绝伦

大丽花头状花序上的每一朵小花的着生位置,都符合斐波拉契数列

兔尾草繁复花序上的每一朵小花排列,也都符合斐波拉契数列

仔细看兔尾草的花序，其上的小花排列交错，也是斐波拉契数列排列的鲜明写照。

在植物界不仅仅可以归纳出斐波拉契数列，还可以归纳出等比数列。例如，蕨类植物的芒萁和里白的叶轴是按1分为2，2分为4，4分为8这样分开的。海南、云南的生境湿度较大，大里白可以长得比较高，因此也可以有更多的叶片分级。

紫珠属植物的花序梗数量按2的$n-1$次方扩增，1分为2，2分为4，一直到256。1级花序梗数量为2^0，2级花序梗数量为2^1，3级花序梗数量为2^2……n级花序梗数量为2^{n-1}，最末一级的每一花序梗上着生1朵花，结1粒紫珠。在野外曾经观察到，n可以大到9，也就是第9级花序梗数量达到$2^{9-1}=256$，意味着花序上开的花可以达到256朵之多，结的果也可能有256粒。

其通项公式为：$a_n=2^{n-1}$。

芒萁的叶柄1分为2，然后2片叶片分成4，最后有8片羽片

杜虹花的花序梗从叶腋中长出后，按 2^n 一直展开，即按 2^0, 2^1, 2^2, 2^3, ···, 2^{n-1} 展开，其花序梗为 1, 2, 4, 8, ···, 2^{n-1}，在光线、温度、水分、肥料充足的情况下，有9级之多，其上面开的花可能多达256朵，结的果也可能有256粒

5 / 器官呈现各种几何图案

植物至今都不曾停止进化，观察它们生长、开花、结果，会发现植物器官的形态千变万化，圆形、椭圆形、三角形、四边形、菱形、五角星、心形……应有尽有。

例如，旋花科植物盛开的时候，从正面看花是圆形的；泽泻科植物的花看起来像正三角形；茑萝花如同五角星一般；莎草科植物的茎多数三角形，而野牡丹科、唇形科和禾本科方竹属植物的茎都是正方形的，在植物中叫四棱形。

五爪金龙盛开时,从正面看,花是圆形的

浙江红山茶的果几乎是球形的

南岭黄檀的小叶几乎为椭圆形

冠果草的花看起来像正三角形

荔枝草的茎为四棱形

茑萝花如同五角星一般

球兰的花更像两颗星星叠在一起

菱的叶片稍呈菱形

6 / 叶脉的规则排布

前面提过，植物体内维管束相当于动物身上的血管，相当于城市中铺设的综合管道。植物的维管束也有输送养分和输送水分之分。维管束，也就是叶脉，为了最快传递养分，主脉往往非常直或形成弧形；为了最均匀地传送养分，形成了多级小脉，遍布叶片。

由于很多单子叶植物的叶细长，因此主脉与侧脉往往形成了平行脉，例如，芭蕉、春兰、棕榈、水稻、露兜树叶片上的侧脉之间都保持一样的距离，如果不是叶长所限，恐怕可以无限延伸下去。

山茱萸科、鼠李科、玉簪科、薯蓣科等的植物的叶片为椭圆形或长卵形，为尽量把养分送到叶片各部分，形成了分布均匀的弧形脉。

尽管灯台树与多花勾儿茶的侧脉分出基点不同，延伸也有点弧形，但其任意两条之间的距离几乎一样

7 / 优化夹角

不同种类植物的枝与主干、枝条与枝条、叶片与枝条的夹角都不相同。由于枝与主干夹角不同,最后导致的结果便是其外貌不同,即所谓树形不同。有些植物有顶端优势,高大笔直,有些植物二歧分枝,外貌如伞一般。

阔叶树的枝条与主干之间的夹角偏大,外面的枝条常长得比较长,因此,树冠呈浑圆状。

辣椒等很多茄科植物为二歧分枝

顶端优势成就了针叶树的金字塔形尖冠（左图）；因为每一个枝条夹角的坚持，最后成就了大果红杉优美的姿态（右图）

远看常绿阔叶林的外貌，每一棵都自成圆顶状

8 / 分形自相似

分形是指局部与整体在形态上自相似的规律。比如海岸线，不论看局部港湾，还是看大尺度，弯弯曲曲如出一辙。又如，局部雪花跟整片雪花的冰晶分枝规律也是一样的。浙江大学常杰教授等曾经出版的一本小册子《植物结构的分形特征及模拟》介绍了植物的分形自相似规律，并用迭代函数系统模拟了一种鳞毛蕨的形态。

先看看树蕨桫椤，其叶片、羽片、裂片都是自相似的，换句话说，就是大叶片好似羽片的放大版，羽片是小羽片的放大版……

再观察中国蕨科的野雉尾金粉蕨，也可以看出其叶片、羽片、小羽片、裂片形态都是自相似的，同样可以用迭代函数系统模拟出来，也就是说，其叶的生长过程是可以用数学公式表达出来的。换句话说，所有动植物在生长过程中，都体现出了非常多的数学智慧。

还有很多其他蕨类，例如，金钗凤尾蕨、阔鳞鳞毛蕨的叶片、羽片、小羽片、裂片，也都是自相似的。多回羽状复叶都有分形自相似规律。

涧边草的叶片看起来显得杂乱无章，但仔细观察它的叶缘锯齿时会发现，大齿上有中齿，中齿上有小齿，其小齿、中齿、大齿、叶片排列如稳定的电波图，这种现象便是典型的自相似。

前面提到过蓟、青菜、百合在生长过程中为高效获得能源而错开叶片长出的位置，大丽花、向日葵、泽珍珠菜的花呈现斐波拉契数列排列，这些都符合自相似规律，都可以采用数学函数表达出来。

桫椤的叶片、羽片、裂片都有自相似的特征

野雉尾金粉蕨的叶片、羽片、小羽片、裂片乍看是自相似的

涧边草的叶片看起来显得杂乱无章,但仔细观察它的叶缘锯齿时会发现,大齿上有中齿,中齿上有小齿,其小齿、中齿、大齿、叶片排列符合分形自相似规律

· 兴趣活动设计 ·

1. 分组观察并交流讨论身边植物上叶片、小叶、托叶、花瓣、雄蕊、心皮、果片的基数；
2. 分组寻找并交流讨论樟科、十字花科、豆科、金丝桃科、小檗科植物等的雄蕊或叶片的分化；
3. 分组寻找并交流讨论身边紫珠的花序轴与果序的分级，拿一棵青菜或一年蓬的植株，观察其叶片着生位置的规律；
4. 分组收集林下圆形、椭圆形、三角形、方形、五边形、菱形等各种形状的叶片、果实等植物掉落样品并交流讨论；
5. 分组寻找并交流讨论分形自相似的植物叶片。

第四章

化学智慧

植物的化学智慧与生俱来。苔藓是地球上很原始的高等植物,其体内含有令动物望而生畏的化学物质,所以,生长在森林中或路边的苔藓植物虽然矮小,但并没有什么动物敢惹它们。

蕨类植物也一样,虽然在野外见过叶蜂幼虫以蕨类植物为食,人类也采蕨菜、菜蕨、乌毛蕨、巢蕨等充当野菜,但因其体内含有的化学物质,同样不宜多吃。

裸子植物的银杏、铁树、松、杉、柏也都能够防虫,只有人类对银杏的果、松子、松针、柏叶、香榧、红豆杉等加以利用,但一般不生食。

郁郁葱葱的苔藓因自我御敌物质强烈,鲜少昆虫取食

华南紫萁所含化学物质亦令昆虫望而生畏

植物演化到被子植物阶段后,物种开始大爆发。植物开始利用动物来帮忙授粉与传播种子,既促进了植物的扩散与分化,也有利于昆虫等种类的繁衍生息,世界因此而变得更加复杂多样。但动物多了之后,植物既送吃的,邀请动物来做客,又要考虑如何囤积与繁衍后代的问题,植物的化学智慧、物理智慧也就异彩纷呈了。

植物在成长过程中,除了在体内进行基本的新陈代谢,产生醣类、脂类、核酸、蛋白质外,也一直在体内进行着次生代谢,合成萜类、酚类和生物碱等,贮存在液泡中。次生代谢物质中的吲哚乙酸、赤霉素等植物激素,可以加速植物生长;植物体内叶绿素、类胡萝卜素、花青素等光合色素的存在,带给了这个世界美丽动人的色、香、味,同时可以引诱昆虫、鸟类和兽类来帮忙传粉或播种。这些次生代谢物质或光合色素可能有毒,但往往以低毒的前体存在于液泡之中,到确实需要的一刹那,才进行最后一步反应,让危害植物的动物或微生物受到惨痛教训。

香榧的种子不宜生食,须炒熟后才能吃

金凤花盛开之时,众多叉尾太阳鸟前来光顾

1 / 利用花蜜邀请动物传粉

  有些植物的花中有蜜腺,即便没有蜜腺,也能够在花冠管中留下花蜜,哪怕是很小的菊科植物。有些植物也会在花序的其他位置形成蜜杯,甚至在叶柄上形成蜜腺,浓郁的蜜香引来各种昆虫或某些鸟类取食。另外,植物会散发花香、产生花粉,对于蜂类、天牛等来说,有莫大的吸引力,引得它们从大老远前来访花。而植物之所以这么热心,为的是引诱昆虫来帮忙传粉。

  不同的植物有不同的花蜜,有些昆虫食性广,可以吃不同种植物的花蜜,但也有一些昆虫非常挑食,食性专一。

  在采蜜的过程中,植物与昆虫长期协同进化,有些植物只邀请特定的蝴蝶或蛾来采蜜及协助传粉。

  还有一些植物的蜜对于有些昆虫来说是有毒的,只有进化过程中配对的昆虫能吃,其他的种类都消受不了。

构树果实成熟后变得特别香甜,枯叶蛱蝶此时陶醉于果实的汁液不能自拔

一株乌蔹莓以其花蜜吸引来了绿凤蝶、绿带翠凤蝶、青凤蝶等多种凤蝶前来光顾,多达几十只

鬼针草的花冠管极小,但琉璃纹凤蝶能够把喙(长吸管)伸进去吸蜜

油茶开花时,不独是蜜蜂来吸花蜜,其他蜂也来了

金荞麦的花吸引了蜂前来传粉

一只小蜂在老鹳草中独享其乐,老鹳草花梗纤细,似乎弱不禁风,小蜂成了为老鹳草传粉的上选

野蔷薇招引小甲虫来帮忙传粉

4月底的婺源,石楠盛开,花的香味招引了蝴蝶、蜂、蝇来帮忙传粉

海杧果含海杧果碱、生物碱,毒性强,人、畜误食能致死,但金裳凤蝶不在意这么多,在海杧果盛花期依然勤于访花吸蜜,一点事也没有

獐牙菜的蜜腺含蜜丰富,受到了蚂蚁、龟甲、蝇类、蜘蛛、弄蝶的青睐。昆虫采蜜的同时也起着传粉的作用

2 / 利用味美等特性吸引动物传播种子

植物靠蜜香吸引昆虫帮助传粉,那它们又是怎样传播种子的呢?植物的果实起着保护种子发育的作用,到成熟之时,一部分果实会成为动物的美味佳肴。鸟类、鼠类、蝙蝠、猴子等动物吃了山莓、红豆杉、猕猴桃、桑寄生等果实之后,在其肠道内消化酶的作用下,种皮破损。当动物迁移到另一个地方排泄时将种皮被溶蚀的种子排出体外,也就把这些植物的种子带到了新的地方。

山莓是由小核果集生而成的聚合果,是人和鸟类都喜欢的美食,每一小核果都有一颗不易消化的种子,借动物传播到远方

南方红豆杉鲜红的果子也是鸟类喜欢吃的美食

植物除了通过动物传播种子之外，还可以通过人类引种到其他地方。例如，荔枝、猕猴桃、草莓、苹果、玉米、核桃、板栗、龙眼、辣椒、红薯、番石榴、茶叶、咖啡、可可等因其味美且营养丰富而被引种到了世界各地。又如，桂花、夜来香、茉莉、依兰、白兰因其独有的香味，以及橡胶、烟叶、罂粟因其特殊用途得到了引种栽培。

荔枝、猕猴桃、草莓（从左至右）以其味道鲜美而受到人们的青睐，被引种到各地

依兰（左图）以其香味而被人们引种栽培；油棕（中图）和橡胶树（右图）因收获棕榈油和橡胶而被引种

3 / 通过挥发气味排除异己

生态学上有一个名词叫"化学他感作用",经典例子是核桃果园内,苹果、葡萄无法生长,这是因为苹果、葡萄的生长被核桃叶片或根释放出来的气味抑制所致。

同样,桉树引种到中国之后,很多本土植物的生长也被其释放的物质所抑制,这样的森林看起来一片绿色,而实际上如同绿色荒漠。

桉树林底下往往因为化学他感作用而很少生长其他植物

4 / 通过释放物质逼迫幼苗远走他乡

很多植物因为缺乏光照的原因而导致后代无法从其树冠底下长出,但木麻黄则是因为其分泌的化学物质而让其幼苗也无法在林下长出,逼迫幼苗远走他乡。

木麻黄成林后,大树抑制小苗从林下长出

5 / 利用次生代谢物质进行自我保护

为了顺利成长，植物多带有各种毒素来达到自我保护的目的。常见的植物毒素有氢氰酸、生物碱、毒蛋白、配糖体、酮类、皂素……《本草纲目》中记载："令人生者黄精，令人死者野葛。"这里的野葛不是葛藤，根据考证，是指断肠草。断肠草又叫"钩吻"，含有多种生物碱（包括钩吻素），具有强烈的神经毒性而让许多动物避而远之。

杧果又香又甜，总让人欲罢不能，但为什么有些人吃杧果会过敏？只因其在分类地位上，跟漆树是同一类的，同属漆树科，有白色的乳汁，含漆酚，敏感体质的人吃了或皮肤碰到了，可能会中毒或过敏，特别是吃没有熟透的杧果。在接触到杧果而未及时用水清洗的部位会产生过敏反应，尤其是在口周，形成均匀或不规则分布的淡红色色斑。

断肠草中含有的钩吻素具有强烈的神经毒性，让动物呼吸麻痹

有的人对漆树过敏，甚至有的人对漆树科的杧果都过敏，都是因为漆酚在作怪

大戟科的一些种类在枝干被折断后，体内会流出白色乳汁，这是用来防范昆虫吃食的次生代谢物质。

在很多地方，人们会采杜鹃的花朵来吃，吃起来微酸，但唯独不吃黄杜鹃。黄杜鹃指的是羊踯躅，又名闹羊花，体内含有闹羊花毒素、马醉木毒素、石南素等成分，人误食会腹泻、呕吐或痉挛；羊误食往往会踯躅而死亡，故此得名。

醉鱼草的花和叶含醉鱼草苷、柳穿鱼苷、刺槐素等多种黄酮类，有小毒，捣碎投入河中能麻醉活鱼，故有"醉鱼草"之称。

大戟是有名的毒草，没什么天敌，常可以看到整株茂盛完整

羊踯躅体内含有闹羊花毒素等，羊误食往往会中毒而死

醉鱼草顾名思义，先民会拿来毒鱼，所产的甜蜜在野外却是蝴蝶的最爱

夹竹桃科植物都有毒，例如，海杧果含有一种叫海杧果毒素的剧毒物质，会阻断钙离子在心肌中的传输通道，其茎、叶、果均含有剧毒性的白色乳汁，人、畜误食会引致恶心、呕吐、腹痛、腹泻、手脚麻痹、冒冷汗、血压下降、呼吸困难等症状，严重者可能致命。

莽草很像八角，但有十一二个角，其枝、叶、根、果均含莽草素。莽草素是一种痉挛毒，中毒症状是痉挛，其次有恶心、呕吐、大小便失禁等一系列自主神经系统症状，毒素直接刺激消化道黏膜，经消化道吸收进入间脑、延脑，使呼吸中枢和血管运动中枢功能失常，并麻痹运动神经末梢，严重时损害大脑。

海杧果的果与植株具毒，但开的白花也常招来许多蝴蝶、小虫光临

莽草很像八角，但有十一二个角，含莽草素，误食会导致人与动物痉挛

银杏的枝叶含有大量的银杏酸,对于很多动物甚至人类来说都有毒性,其外种皮内含有大量的氢化白果酸和银杏黄酮,都需要处理之后才能食用或药用。

辣椒尤其是其种子里面含有辣椒素这种生物碱,可以和动物体内感觉神经元的香草素受体结合,产生灼烧难忍的感觉,因此,对于鸟类之外的很多动物来说,是难以接受的。

银杏体内具有众多化学物质,可以避免被各种动物所食

辣椒以其辛辣之味,谢绝了很多动物的光顾

· 兴趣活动设计 ·

1. 分组用不同植物的花蜜涂在同一种颜色的纸板上,观察昆虫对于香味的选择;
2. 寻找周边开花时吸引很多昆虫来光顾的植物,观察有哪些昆虫光顾;
3. 分组观察并交流讨论动物粪便中的种子。

第五章
物理智慧

植物在成长过程中就像人一样，常会借助自然界的各种力量，让自己赢在起跑点，适应各种环境气候，多子多孙，延年益寿。

1 / 快速生长以出人头地

植物为了获得更多光照，必须非常勤奋，拼命往高处长。但在不同纬度或海拔高度，受地心引力的作用有别，植物有不同的高度。

不同的植物为了长高，会采用不同的办法。

毛竹细而高，开始生长时慢一点，清明前笋出土，清明的时候一天可能蹿1米高，20多天可以长到16米左右，这是与老竹比肩的高度，这时长出枝叶，可以获得足够的光照来进行光合作用。

团花为分布于广东、广西、云南及东南亚的速生树种，一年的高生长达3.5米，10年左右就可以长成30米的参天大树。

快速生长的物种非常多，任豆、毛泡桐、高山榕、垂叶榕、木棉、番木瓜、钻天杨、凤凰木、合欢等每年都可以长高1~3米，以最快的生长速度跻身到森林冠层。

第五章 物理智慧

毛竹必须快速生长，才能马上蹿到冠层争取阳光

团花的生长速度极快，每年可以长高 3.5 米

2 / 色诱传粉或以颜色警告

昆虫与鸟类等多靠视觉、嗅觉或味觉来寻找食物,对于昆虫而言,异于绿色的颜色可以在很远就被看见,是昆虫访花首先选择的。不同的昆虫对颜色的敏感度不一样,蜜蜂对于黄色、蓝绿色、蓝色比较敏感;蝴蝶对于红色特别敏感;蚂蚁则对于白色比较敏感。总之,植物色彩鲜艳,总有昆虫光顾或被吓跑。

某些蝴蝶对红色似乎情有独钟,总爱找红色的花

黄色成为蜜蜂的首选

紫色也引来许多昆虫光顾

植物不会动,看起来没有喜怒哀乐,但为了生存,它们有各种演化,其中有毒就是一种极致的方法,在外观上则配以鲜艳的警戒色。例如,鹅膏菌色彩鲜艳,看起来很漂亮,但有致幻作用,人吃了会眩晕,出现幻觉或致死。这是鹅膏菌为了保护自己而使用的妙招,既充满了物理智慧,也包含化学智慧。

山椒子花正开,色彩艳丽,还有很多花蜜,色、香、味使其成为小甲虫洞房花烛夜的首选

鹅膏菌看起来很漂亮,但含有剧毒的鹅膏毒肽

黄花夹竹桃以鲜艳的黄色警告动物不要惹它,它体内含欧夹竹桃苷,有剧毒,足以让啃食它的大型动物致死

3 / 利用卷须和不定根攀爬

众所周知，藤本植物无法直立起来，但同样需要沐浴阳光。那怎么办呢？

于是藤本植物"八仙过海，各显神通"了，吸的吸，卷的卷，或借一下力，靠种种办法爬到林冠层去透透气，享受一下阳光浴。

豌豆、葡萄在茎节叶腋部长出缠绕须，一搭到它物，就马上卷紧枝条，如此便可以牢牢地往上攀爬上叶冠，抢到充足的光照。

星毛冠盖藤、薜荔和胡椒科的很多藤本植物靠茎上长出许多不定根帮助爬上悬崖峭壁、墙体或树干上。

地锦，又叫爬山虎，也是葡萄科植物，它们采用不定根吸盘，吸附于大树表皮或崖壁石头表面而爬上大树或悬崖峭壁。

密花豆藤可以靠茎缠绕的办法爬上其他树木，并且在节间长出不定根帮忙吸收水分与养分。

钩刺雀梅藤的枝条在第1年为刺状，利用枝刺搭靠攀爬，第2年枝条才伸长并抽出叶来。

百部等一些植物也是用茎缠绕的办法来攀爬到高处。

第五章 物理智慧

葡萄已经准备好了卷须以便于攀爬。仔细观察可以注意到,其卷须和叶片对生,实际上卷须是叶片的特化

野葡萄终于利用卷须一段一段固定住自己,让新的枝叶能够接受到阳光

葡萄科的扁担藤靠卷须爬到几十米的大树上

星毛冠盖藤靠茎上长出许多不定根帮助爬上悬崖峭壁

地锦采用不定根吸盘的办法爬上悬崖峭壁或大树

密花豆藤粗而且木质化,在林内攀援长达几百米

百部用茎来缠绕毛竹或其他树木

4 / 通过杠杆原理让昆虫帮忙传粉

植物进化过程中,各类群、各个体都有出人意料的表现,其中,唇形科是一支很独特的演化类群,它的某些种类已懂得利用杠杆原理,强迫到访采蜜的昆虫在进出花朵时,先帮它们授粉,再带花粉离开,如黄花鼠尾草、南丹参等。

以南丹参为例,蜂爬进花内采蜜时,触及花朵中准备好的开关,雄蕊杠杆的一头被顶起来,花药正好搭在蜂背上,把花粉涂抹在蜂背,蜂要离开时,杠杆回位,雄蕊又抬起来,蜂携带着花粉到下一朵花,另一朵花的雌蕊已经伸在蜂降落点的上方,蜂从雌蕊下方飞进花朵,背上粘着的雄花粉便轻轻涂在了雌蕊的柱头上。

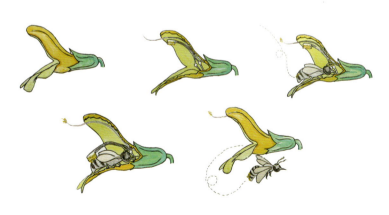

南丹参长在野地里,每朵小花都有神奇的装置,可以让蜜蜂做有效的授粉

生长在马祖离岛的黄花鼠尾草,授粉机制具高度的主动性,蜜蜂被动帮助它四处传粉

5 / 利用刺或腺毛作为防备武器

植物的防备方法多种多样,或采用刀枪一样的刺,或采用陷阱一样的腺毛。

有些植物体上有刺,这些刺有不同的起源,有的是叶片特化为刺,有的是枝条、托叶特化为刺,还有的是从树皮上长出皮刺。例如,省藤、蔷薇、悬钩子、两面针都有皮刺,皮刺从茎的韧皮部长出。又如,枸枳、梨树、山楂、椤木石楠等都有枝刺,枝刺是从木质部长出来的,往往第1年是刺，第2年就长成枝条。再如，虎刺把托叶特化成刺，避免被林内动物啃食。

　　大部分植物的刺可以用来避免动物啃食。仙人掌科植物的刺是叶片所特化，主要是为了防止水分的蒸发，也可以防止太阳的暴晒。

　　植物为了避免果实成熟之前过多地被小昆虫取食而发育了腺毛，让有些偷食者有来无回。例如，野牡丹科的肥肉草，茎叶非常鲜嫩，但花梗、花托与花萼上长满了腺毛，小昆虫一来就被粘住，不得不长记性。

棕榈科植物的叶轴上的刺对于动物啃食或行动都是一种考验

峨眉蔷薇的皮刺扁而宽,但从表皮长出

枸枳的枝刺是从木质部长出来的,第 1 年是刺,第 2 年会长成枝条

虎刺以托叶特化成刺来避免被林内动物啃食

金琥的叶片特化为刺,可以防止水分蒸发,也可以防止太阳暴晒,可以把各个方向来的阳光反射掉,也可以避免被啃食

6 / 具有防水结构、弹性、韧性等

植物在长期进化的过程中有各自的办法来适宜环境。例如,利用防水的结构在水中生活,或具有不容易折断的韧性、面对强风树梢可以及时回弹的弹性、高密度带来的刚性,或具有防震保护层。

荷花、芋头在淋雨时，它们自己一点也不担心，水在叶上转两圈，或弹出叶面，或以水珠的形式留在叶中间。其原理是什么？衣服、雨具、卫具、屋顶和墙面能否做到这样？ 20 世纪 70 年代，德国植物学家在显微镜下发现，荷叶的表面有一层茸毛和一些微小的蜡质颗粒，进一步放在超高分辨率显微镜下，荷叶表面上呈现许多微小的乳突，乳突的平均大小约为 10 微米，平均间距约 12 微米。水在这些纳米级的微小颗粒上不会向莲叶内部渗透，而是形成一个个球体。

雨水落在荷叶上，迅速被荷叶表面茸毛的张力排挤汇聚成水珠排掉，荷叶则继续正常工作

先民用竹篾编制或由竹竿做的各种生活用具,充分利用了竹子的韧性特质,有些沿用至今

毛竹具有刚性、弹性和韧性。4年成材的毛竹,密度达0.789克/立方厘米,顺向抗强拉度达到201.7兆帕,抗压强度74.2兆帕,其形变量非常小。在传统上,毛竹以其刚性被用作建筑行业的脚手架,只要捆绑得法,可以成为安装和拆卸都很方便的材料,如今经过高压处理以后,成为很多家庭中的竹制地板或家具的原材料;在林内可以经受风吹雨打而矗立在山中,成为竹海;以其韧性被编织成竹篮,可以装菜、洗菜或装干菜挂在房子里面高处,也可以被编制成竹盘,晾粮食、菜干,还可以被编制成竹篓,用于运输材料、烘衣服,等等。

丝瓜成熟时留下的丝瓜络主要由纤维素、半纤维素及木质素组成,纤维素和半纤维素组分是亲水性的,而木质素是疏水性的,因此丝瓜络可以在水中润湿；另一方面它也是亲油的，容易吸附油腻，是很好的天然洗涤材料。

苎麻的茎皮具有韧性，自古以来被人类作为纤维植物利用，做成麻衣、麻绳。不仅仅是苎麻，不同地区的人还会利用竹子、构树、省藤等植物来造纸、做藤椅或做其他制品。

杉木、松树、闽楠、坡垒、樟树、檫树、板栗等都不容易腐烂，这或许与其木质部富含精油，可以防虫害有关。

广州流行的划龙舟，其船身是用坡垒制作，赛完龙舟后，龙舟再埋进河湾里，可是却能历百年而不坏，耐朽能力超高。

苎麻自古以来作为纤维植物广被人类利用，做成麻衣、麻绳

/ 植物的智慧 /
自然教育家的探索与发现随笔

杉木质地轻,木材直,不容易变形与开裂,在日常生活中用途非常广泛

闽楠不容易腐烂,自古以来成为栋梁之材　　承德避暑山庄采用闽楠所建,已有几百年历史

海珠区龙潭村村民正在起龙舟。挖出龙舟洗净、上桐油即可使用,不变型、不腐朽

7 / 借风传播果实或种子

到果实成熟之时,各种植物想方设法,希望自己的儿孙远走他乡,只有这样,才不容易灭绝。例如,菊科的蒲公英、一点红、野茼蒿等很多菊科植物为果实配备了"羽毛",实际上是其花萼特化而成的冠毛,有助于果实和种子的散布。

木棉、柳树、胡杨和有些夹竹桃科、萝藦科植物(例如,络石、球兰)的种子带冠毛,当果裂开时,被风刮飞,如降落伞一般,被吹到新的领地,继而生根发芽。

蒲公英的果实看似简单,实际上非常复杂。在头状花序上面有近百朵小花,每一朵形成一粒瘦果,每一朵小花的花萼向前延伸,向四周长出60根左右的冠毛,一阵风来,瘦果随之飘去远方

/ 植物的智慧 /
自然教育家的探索与发现随笔

青钱柳、枫杨、槭树、龙脑香、白蜡树都具有翅果，在降落时，尽量借助风力飞向远方。不同植物的翅果形态却不一样。

青钱柳（也叫摇钱树）的翅果圆形，种子在其中部；槭树科植物的两个翅果连在一起；龙脑香科植物的翅果有3个翅。

禾本科的鬣刺成熟时，果穗如同风车，被风吹了后在沙滩上把果实播下。

球兰果实裂开时，种子被风刮飞，如降落伞一般

青钱柳具有圆形的翅果，在降落时，尽量借助风力飞向远方

热带雨林中的龙脑香非常高大，成熟的果实张开翅，乘着热气流可以回旋散布到他处

芒草颖果上的毛会带着它，随着阵风四处飘扬

8／因花色而被引种栽培

植物为了永续生存，利用其美味、香味和花色，让人类或其他动物将它传播到世界各地。

牡丹、芍药、玫瑰、月季、郁金香、玉簪、水仙花、扶桑、美人蕉、鹤顶兰、熏衣草、巴西野牡丹、三角梅、凤凰木、马蹄莲、紫薇、凌霄等以其艳丽的色彩而成为有名的观赏植物，被大量繁殖，并引种到了全世界。

因色彩艳丽而被广泛引种的牡丹（左图）、鹤望兰（右图）

菊花（左图）、百合（右图）等也因艳丽的色彩而被引种到世界各地

9 / 对碰触或啃食做出反应

人们往往认为植物不会动,但某些食虫植物却有灵敏的触觉。例如,当小虫进入到捕蝇草的捕虫夹中,它的两片"贝壳状捕虫夹"会迅速闭合抓住昆虫。

捕蝇草的捕虫夹上有几根感觉刺,小虫跑进后,碰到其中一根,机关不会作用,当在20秒内连续碰到2根就会迅速合起,触觉灵敏又神奇

捕到昆虫的捕蝇草

含羞草的叶柄基部有一个膨大的叶枕,叶枕内有许多薄壁细胞。这些叶枕薄壁细胞对外界刺激很敏感,当叶片被动物碰触时,刺激就传到叶枕,薄壁细胞内的细胞液流到细胞间隙中,叶枕下部细胞间的膨压降低,从而带动叶片闭合、叶柄下垂。在受到刺激后的 0.08 秒钟内,叶片就会闭合;经过 5~10 分钟,细胞液又逐渐流回叶枕,于是叶片恢复原样。这是一种生理现象,也是含羞草在进化过程中适应环境的结果。

含羞草的叶片被动物碰触后,内部水分很快流回茎部,叶便会迅速合起

刺果苏木(又名老虎心)于接近黄昏时即慢慢合起叶片迎接黑夜

大自然中还有不少触觉敏感的植物，例如，合欢、茅膏菜、龙胆、阳桃等的触觉都很发达。当小昆虫被茅膏菜叶片上的腺毛的黏液粘住后，茅膏菜的叶会慢慢卷起来，把粘住的小昆虫包在里面。

叉叶茅膏菜的叶片也是触觉器官，当小昆虫碰触到叶片后叶片可以卷起来，把小昆虫包在里面

· **兴趣活动设计** ·

1. 分组测定身边藤本植物的生长速度并交流讨论；
2. 分组将从同一种植物上收集来的花蜜涂在不同颜色的纸板上，看昆虫对于颜色的选择；
3. 分组寻找并交流讨论不同的藤本植物攀爬方式；
4. 分组观察并交流讨论唇形科植物的雄蕊的传粉策略；
5. 分组寻找能够防水的植物叶片并用放大镜观察；
6. 分组观察并交流讨论利用风传播的果实与种子，观察冠毛是如何带动果实或种子飞向远方的；
7. 分组寻找茅膏菜，试验其叶片对于小物件的反应过程，并交流讨论。

第六章
拟人智慧

与植物接触久了，总不免感叹其种种生存机制的微妙，它们有许多与人类行为类似的进化，也不知是人拟植物智慧，还是植物拟人智慧。

1 / 植物体各部分分工协作

植物虽然不会移动，但许多植物跟人类社会一样，也都有分工。从整体来看，根、茎、叶、花、果实、种子有其分工。从个体来看，一朵花上不仅有雌蕊与雄蕊的分工，而且还有招待客人的花蜜，也有接待客人的落脚地；叶上，有进行光合作用的部分，也有帮忙爬往高处的攀爬工具；根部，有吸收养分的根，也有支撑确保植株不倒的板根与支柱根，还有用于特殊环境下呼吸的根，真是令人不可思议。

许多种类的绣球，其花序四周是不育花，不育花的萼片比较大，可以招引昆虫到来，并供昆虫停落休息使用。

蝴蝶戏珠花则是一种荚蒾，花序外围有4~6朵大型的白色不孕花，形状像蝴蝶一样，功能同绣球花序上的不育花。

珙桐，又称鸽子花，珙桐花序的基部被2~3片白色的纸质矩圆状卵形的苞片遮盖住，如同白鸽的一对翅膀，初时淡绿色，在开花时变为乳白色，招引昆虫来帮忙传粉，同时苞片也如雨伞一般，保护花不被淋雨，兼具保护作用。

许多种类的绣球,其花序四周是不育花,花色、花型可以招引昆虫到来,并供昆虫停落休息使用

蝴蝶戏珠花花序外围的不孕花,招引昆虫到来授粉,并供昆虫停落休息使用

珙桐花序基部的苞片具有招引昆虫和充当雨具的作用

三角梅看起来像一朵花,而实际上是一个花序,这个花序由3朵花组成,每一朵花的基部有一个苞片,苞片紫色或洋红色,像花瓣一样,而真正的花细小。苞片可以起招引昆虫的作用,只是作为南美洲来的植物,原来帮传粉的昆虫没有随之而来,只能主要靠人类帮助繁衍了。

七叶一枝花(重楼)看起来是下面一层叶片,上面一层叶片,而实际上,上面一层像叶片的是花被片,可以给昆虫提供停歇之地。

西番莲科的百香果花大而奇特,柱头3叉高高在上,雄蕊5枚排在中层,副花冠多数,细花丝在内侧,长花丝围在外侧,如时钟排列,再外围花瓣5片,外侧还有花萼5片,其下花托3片。一朵花立体排列,每层各有功能,各司其职。相比之下,西番莲比其他多了副花冠,可能起着招引昆虫与让昆虫停落的作用。

三角梅的苞片紫色或洋红色,像花瓣一样,可以起招引昆虫的作用

七叶一枝花(重楼)看起来是2层叶片,而实际上,上面一层像叶片的是花被片,可以给昆虫提供停歇之地

西番莲科的百香果除了花冠外,还有多轮副花冠,外副花冠裂片丝状,有色彩变化;内副花冠流苏状,其下还具一蜜腺环,可以邀请不同昆虫来采集花粉

2 / 具有营养叶与繁殖叶分化

有些蕨类植物有营养叶与孢子叶(即繁殖叶)的分化,营养叶负责早期的碳水化合物生产,而繁殖叶在繁殖季节长出,形态上跟营养叶迥然不同,其叶背长满孢子这就相当于在一个家庭中男主外,女主内。蕨类植物中水龙骨科、球子蕨科、槲蕨科都有这样的内外分工,如崖姜蕨、中华荚果蕨。

槲蕨属于槲蕨科，一般长于悬崖峭壁上或树干上。其生长时，先长营养叶（也有人称此为收集叶），然后再长孢子叶，等到孢子叶长大时，营养叶已经完成其历史使命，开始枯黄。

藤蕨的营养叶的羽片明显比较宽而平展，而孢子叶的羽片线形。

槲蕨一般长于悬崖峭壁上或树干上，其生长时，先长营养叶，然后再长孢子叶，等到孢子叶长大时，营养叶已经完成其历史使命，开始枯黄

藤蕨的营养叶的羽片平展，可接受更多的光照，而孢子叶羽片线形

有些种子植物也是提供营养和承担繁殖的功能由不同的枝条与叶片执行，只不过是分化为营养叶与繁殖叶，例如，常春藤和薜荔。常春藤的营养叶跟繁殖叶看起来完全不一样，其营养叶看起来深绿色，叶片三角形，着生在紧贴树木或石头上的枝条上，而繁殖叶颜色嫩绿色，叶片近菱形，着生在游离于树木或石头的枝条上。薜荔的营养叶只有拇指盖大小，而繁殖枝上的叶片很大，常聚于顶层。

常春藤繁殖枝上的繁殖叶（近菱形，嫩绿色）与营养枝上的营养叶（三角形，深绿色）判若两种

3 / 信息传达

当植物被动物取食时，植物会散发出不同于平常的气息，告知其他相邻的植株：有敌人来袭，做好应战准备。也有专家研究，植物受侵袭时，会以真菌做介质，透过根部网络系统，将讯息很快散布整片林子，接到通知的植物可能提高叶子单宁酸浓度，以防止入侵者啃食大面积的树木。有的植物被虫咬时，附近的叶片听到虫咬声便会提高防虫机制，大量释放毒素（各种单宁酸、皂素、芥子油等），做好应战准备。

植物开花时，其花色与香味都成为邀请动物到来所释放的信息，但在不希望被取食时，植物会散发出不同于平常的气味，告知其他同类植物：有敌情，做好防范。

构树的果成熟了，吸引了众多蝴蝶的到来

伞形科植物开花之时，芳香馥郁，向昆虫发出邀请函

小果珍珠花盛开的时候，传递的信息让不同的昆虫到来，蚂蚁已经在花上取食，同时白色的花很好地掩护了隐藏其中的蜘蛛

中国旌节花的果从绿色到紫色逐渐成熟，圆形与绿色给蝽象传递了信息，让相同形状与颜色的蝽象可以很安全地隐藏其中而不容易被天敌发现

4 / 礼尚往来

植物为了传播下一代,会用尽各种办法。我分一些给你吃,你帮我繁衍后代。让其他生物心甘情愿地帮忙,礼尚往来是植物最常用的生存方式之一。

例如桑寄生,鲜红甜蜜的果实引来红胸啄花鸟取食,但当鸟儿消化后要排泄粪便时,却发现黏在了屁股上,只好扭动身体将粪便擦在枝条上,桑寄生种子利用粪便里的养分得以在枝条上发芽,茁壮成长。

壳斗科植物和山核桃熟时都会引来松鼠抢食。松鼠会找地方隐藏吃不完的核果,等到没食物时再挖出来吃。许多被松鼠忘掉的隐蔽地点,就会有新苗长出来。

桑寄生的果肉特别黏,鸟儿排便时会黏在屁股上,鸟儿把它擦在树枝上,连雨水都冲不掉,种子借此而在树上发芽

山核桃利用松鼠藏食物又容易忘记的习性,而将下一代散布出去

5 / 奖励

植物长期与动物协同进化，植物上的花蜜可以说是其吸引鸟类与昆虫来帮忙传粉的协同进化产物。

花蜜有很多类型，有些花蜜藏在花朵的里面，有的放在蜜杯里，有的从叶子的腺点释出，例如，茶、蕉芋等。相信很多人有过从花朵中吸花蜜的经历。

獐牙菜则在花瓣上形成醒目的大腺斑，需要传粉时，从腺斑上涌出花蜜，引来各种昆虫。

茶的花朵中含有很多花蜜，很多人都吸食过

铁海棠在花序的外围形成一圈黄色的蜜腺,昆虫受邀到来时,难免会把花粉带走。

接骨草、乌蔹莓、一品红在开花时,花本身不储蜜,花序上有不同于花果的蜜杯,用花蜜奖励昆虫到来,帮忙传粉。

鸭跖草的雄蕊有6枚,其在开花时,部分雄蕊不完全发育,而是让花药部分变成棒棒糖一般的蜜,以此激励昆虫到来,帮忙传粉。

獐牙菜在花瓣上形成醒目的大腺斑,需要传粉时,从腺斑上涌出花蜜,引来各种昆虫,帮忙把花粉送到其他獐牙菜植株上去

铁海棠在花序的外围形成一圈黄色的蜜腺,昆虫受邀到来时,难免会把花粉带走

接骨草花序上满是蜜杯,呈鲜黄色以吸引来帮忙传粉的昆虫

鸭跖草在开花时,部分雄蕊不完全发育,而是让花药部分变成棒棒糖一般的蜜,以此激励昆虫到来,帮忙传粉

6 / 梳妆打扮

人类会梳妆打扮，植物也一样。仔细去观察任何一株植物，不管是其枝叶的形状还是颜色的搭配，都令人叹为观止。

竹荪在成熟时，菌裙从菌盖上垂下，如同少女穿着薄纱跳舞一般，而且网眼几乎都是六边形，菌柄与菌裙都是白色，远远看去，宛若仙子，一尘不染。

天南星的叶片很有特色，呈鸟足状分裂，中间有一中裂片，两侧各有侧裂片5~9片，从第1片向外侧渐小，排列成蝎尾状。

竹荪成熟时，如同少女穿着薄纱跳舞一般

吊灯花的花冠基部膨胀，近漏斗状，花冠的 5 个裂片舌状，背面反卷而直立，顶端碰触在一起，如同吊灯状，漏斗口部的花纹最深，上面的裂片远看如同豆类的花一样。

梳帽卷瓣兰的中萼片、侧萼片形成每一朵花外面的轮廓，尤其是两侧萼片的基部上方扭转，在先端外又彼此黏合，花瓣脉纹具紫红色斑点，唇瓣肉质而茄紫色，远看如同一排猴子坐在树上远观。

石竹科植物（例如，剪红纱花、石竹）的花瓣都极为极致，往往每一片花瓣的先端都凹入如同二裂，旁边还有侧裂片，或每一片花瓣多裂。

天南星的叶片呈鸟足状分裂，中间有一中裂片，略小，两侧各有侧裂片 5~9 片，从第 1 片向外侧渐小，排列成蝎尾状

吊灯花的花冠如同吊灯状。吊灯花把昆虫引来后落入花冠管内，里面还有副花冠和复杂的雄蕊雌蕊

梳帽卷瓣兰远看如同一排猴子坐在树上远观

7 / 延长花果期

　　植物长叶、开花都是先后有序的,当以一个花果期去审视一片森林、一株植物、一个花序时,你会发现,它们仿佛是大型舞台上演出的剧目一般,在按照一位总指挥的命令先后出场,然后按序谢幕。有的剧目采用的是快闪,速战速决,而有的剧目的演员数以百计,演出过程达几个月。

剪红纱花的花瓣深红色,花瓣轮廓为三角状倒卵形,不规则多裂

青葙花序下半部的小花已经完成传粉,中部正在开花,上半部含苞待放,因此,整个花期很长

8 / 旋转开花

部分茄科、夹竹桃科、旋花科、龙胆科、锦葵科植物在开花前，花蕾如同一根笔，在开放过程中螺旋状慢慢张开其花瓣，向蝴蝶与蜜蜂炫耀着自己的美丽与芬芳。

茄科的曼陀罗花序上第1朵半开的花，仿佛翩跹起舞

夹竹桃科鸡蛋花正在先后开放，每一朵都旋转着展开

9 / 按物候节律开花结果

植物长期适应各种生境，能够感知到一年中的气候变化，甚至是多年一次的气候大幅度变化。植物适应节气变化而开花结果，形成了植物的物候。不同的植物开花结果的时间并不一样，如桃花一般在春天开放，梨花一般在 4 月开放。

虽然，很多植物志中表述云实花果期是 4~10 月，而实际上其盛花期只有几天，此后是长长的挂果期。笔者在福建长汀、泰宁、武夷山的野外调查注意到，云实的花期从 4 月上旬到中旬，在有些地方可能推迟到 5 月开花。

亚热带地区山上的壳斗科植物在 4 月盛花，但一般苦槠先开花，然后是甜槠开花，最后是栲树开花。

杜鹃花一般在 4 月开，但不同种类或在不同产地也不尽然。例如，在云南高黎贡山，大树杜鹃一般早春 2~3 月开花，马缨杜鹃 3 月开花；在江西井冈山、贵州黔西、福建永安，美容杜鹃、猴头杜鹃等 4 月开花，这几个地方每年都会举办一次杜鹃节；在福建建宁，到 5 月上旬还可以看到漫山遍野的满山红开花。

第六章 拟人智慧

2014年4月12日到福建长汀考察，发现这时是云实盛开之季

2016年4月23日在福建永安考察，漫山遍野是野蔷薇的天下，而一周之后至江西石城及附近考察时，发现已经是小果蔷薇的天下了

2012年5月8日在福建建宁考察，远处是漫山遍野的满山红在开放

4月的黔西山区，马缨杜鹃、大白花杜鹃、水红杜鹃等形成了杜鹃花海

2017年5月6日在福建明溪考察途中,见到漫山遍野的栲树同时开放,灿若云霞,蔚为壮观

· 兴趣活动设计 ·

1. 分组观察并交流讨论身边的花或叶的分工合作;

2. 分组寻找并交流讨论雌雄异株或雌雄异花的植物;

3. 分组寻找并交流讨论有孢子叶与营养叶分化的蕨类;

4. 分组寻找并交流讨论以蜜作为奖励机制的植物类型;

5. 分组观察并交流讨论各种漂亮的花、叶的形状;

6. 分组观察并交流讨论花序上花先后成熟的例子;

7. 分组观察并交流讨论花朵螺旋状张开的植物。

第七章
特色智慧

1 / 避开干热在晚上开花

不少植物靠错开开花时间来避免被动物啃食，例如，仙人掌科植物多在夏季傍晚开花，但是开花时间很短，一般只有短短的3~4个小时。因为它们主产于热带美洲荒漠区域，白天气温高，而且晚上8~9点正是夜蛾等昆虫比较活跃的时候，这个时间开放，有利于传粉，于是就有了"昙花一现"。这是长期协同进化的结果。

晚上开花的植物还有棋盘脚、紫茉莉、月光花、待霄草、菜豆树、夜香树、曼陀罗等。

昙花一现。昙花原产于墨西哥、危地马拉、洪都拉斯、尼加拉瓜、苏里南和哥斯达黎加，是仙人掌科植物，晚上开花

量天尺（商品名火龙果）也是仙人掌科植物，原产于中美洲至南美洲，也都是晚上开花

棋盘脚的总状花序由顶生的叶腋悬垂，花为乳白色，雄蕊为淡红色，每到夜晚开花，像成串倒挂的吊灯，闪耀且明亮动人，次日清晨就会掉落。花有浓烈气味，主要靠夜间活动的昆虫传粉。

紫茉莉的花朵遇到强光的时候就会闭合，所以它开花一般是在傍晚的时候，到第 2 天光照强烈的时候就会闭合；月光花在晚上 7 点前后开花，白色花朵形似满月，大而美丽；待霄草在晚上 8 点前后开花，在晚上释放香气，次日清晨枯萎。

棋盘脚的花乳白色，雄蕊细长，淡红色，每到夜晚开花，次日清晨凋落，花主要靠夜间活动的昆虫传粉

2 / 花朵高度特化以利于传粉

不同植物的花冠管粗细长短不一样,例如,很多菊科植物的花冠管细长,只有一些具有细长的喙的蝴蝶或蛾类才可能吸食到花冠管中的蜜。

凤仙花科植物的唇瓣基部渐狭成距,以吸引昆虫深入。

兰科植物的雄蕊特化,所有的花粉集中在一起形成一个花粉块,以利于蜂类或蝇类帮忙传粉。

一只粉蝶正在菊科植物的花上吮吸花蜜

管茎凤仙花的唇瓣囊状,口部略斜上,先端具小尖,基部渐狭成长,以吸引昆虫深入

蝴蝶兰柱头上可以清楚看到2个黄色的花粉块，招引来的昆虫在退出时容易黏在头上，然后帮携带到其他花朵上

3／营寄生、半寄生或腐生生活

植物界有不少营寄生或腐生生活的植物，可以说是不劳而获，其中也有半寄生的植物。它们不必通过光合作用来获取能源，而是直接从其他植物的茎上或根部获取养分。

菟丝子、无根藤都是典型的寄生植物，植株上没有叶片，茎肉质，有点淡绿色，或许可以进行一点点光合作用，但主要是靠从茎上长出不定根深入寄主植物的体内获取营养。

菟丝子靠不定根寄生于其他植物上

无根藤是樟科的寄生缠绕草本植物，借盘状吸根攀附于寄主植物上

槲寄生作为一种半寄生植物，自身可以进行光合作用，对寄主的影响较小，通常寄生于麻栎、苹果、白杨、松树等各种树木上。其果实半透明，果肉有黏质物，富含黏液，鸟类在食用过程中会在树枝上蹭嘴巴，这样就会使果核黏在树枝上；有的果核被它们吞进肚子里，随着粪便排出来，黏在其他树种的枝条上。这些种子并不能很快萌发，一般要经过3~5年蛰伏才会萌发，长出新的小枝。桑寄生的习性跟槲寄生一样，桑寄生科鞘花的果实在春夏之交陆续成熟，在这个季节为许多森林鸟类提供食物来源。

水晶兰是鹿蹄草科多年生草本腐生植物，全株肉质，白色，晶莹剔透，生长在腐叶堆中，利用菌丝从腐叶中获得养分。水晶兰只适宜于山林间阴凉潮湿、多腐殖质的特定环境，依靠特殊的菌体方能生存。

桑寄生科鞘花的果实从5月开始成熟，成为鸟类食物的主要来源

槲寄生通常寄生于麻栎、苹果、松树上

水晶兰是多年生草本腐生植物,全株肉质,白色,晶莹剔透,生长在腐叶堆中,利用包在根外面的真菌菌丝从腐叶中获得养分

4 / 利用拟态策略欺骗或恐吓动物

植物界也有拟态的情况,只是很少被人所认识。根据笔者的观察,拟态有两类,一是欺骗,用以吸引其他动物来帮忙传粉或帮忙播种;一是恐吓,避免其他动物来啃食。

一些兰科植物的花朵看起来像雌蜂,吸引雄蜂前来交配。

猴欢喜的果实看起来很像板栗,但是不是模仿板栗,依然是个谜。

很多天南星科植物的叶柄、花梗有斑纹,看起来有点像蛇的斑纹。例如,灯台莲的佛焰苞在开花的时候看起来像眼镜蛇,让许多动物裹足不前。很多天南星科植物的叶柄、花梗有斑纹,看起来有点像蛇的花纹,其佛焰苞在开花的时候看起来像眼镜蛇,让许多动物望而却步。

多花兰的中瓣和合蕊柱看起来像雌蜂，吸引雄蜂来交配

猴欢喜的果实看起来很像板栗

反瓣虾脊兰的花的蕊柱与唇瓣如同一只只小胡蜂

灯台莲的佛焰苞看起来像眼镜蛇，令大型动物裹足不前

5 / 以弱小动物为食

有一类植物能够以动物为食,其典型代表有茅膏菜、猪笼草、狸藻、捕虫堇。

茅膏菜全身布满了腺毛,如同无数只小手,尤其是叶片先端。当小昆虫碰到腺毛被粘住,叶片也如同小手一般把小昆虫捏住,并逐渐将其消化。

猪笼草的叶片先端特化,如同线形,然后从线形先端长出一个瓶子,在瓶口部位长一个盖子,瓶盖能分秘香味引诱昆虫。瓶子内积了雨水和瓶底分泌的液体,是强酸性的微生境,瓶口光滑,昆虫不慎掉入,会淹死并被分解而逐渐被消化吸收。

茅膏菜全身布满了腺毛,当小昆虫碰到腺毛时会被粘住

猪笼草的叶片先端特化长出瓶子,成为许多昆虫的死亡陷阱

6 / 借动物的皮毛携带

有些植物果实有倒刺或黏毛，可以勾在或粘在动物的皮毛上，通过动物的移动把果实传播到新的世界，拓展其生存空间。很多小孩子曾经玩过把鬼针草或苍耳扔到同学身上的恶作剧，到过野外的人也都有被小槐花或淡竹叶的果实粘满一身的经历。

苍耳瘦果上长满了钩状的刺，当动物从旁边走过时，这些刺就勾住了动物身上的毛。

鬼针草也是大家熟悉的植物，很多人也玩过，但未必知道其能够粘在身上的原因。鬼针草瘦果顶端具有芒刺3~4枚，芒刺上还具有倒刺，以倒刺让动物帮忙带去他方。

长柄山蚂蝗的果荚上密被贴伏的钩状柔毛，可以粘在动物身上而被带到新的生存空间。

淡竹叶的小穗上有几个外稃和内稃，外稃和内稃顶端具短芒，短芒上还有倒刺，果实成熟的时候借此被动物带走。

第七章 特色智慧

苍耳瘦果上长满了钩状的刺,当动物从旁边走过时,就勾住动物身上的毛

鬼针草的瘦果顶端有3~4枚具有倒刺的芒刺,以此可以利用动物将其带走

长柄山蚂蝗荚果的果荚上密被贴伏的钩状柔毛,可以粘在动物身上

淡竹叶小穗上的外稃和内稃顶端具短芒,短芒上有倒刺,借此被动物带走

7 / 绞杀现象

这种特色智慧仅见于榕属植物。

鸟取食榕树的果实之后,在其他科属植物的树上停落之时,甚至在飞行过程中,都可能排泄粪便在树上。这时,被消化酶作用过的榕树种子在其他树上生根发芽,其根不断地往下长,交织成网,被称为根网。根网会影响被绞杀的树木的生长。同时,绞杀植物的树冠也可能抑制原来的树木进行光合作用,最后导致树木的死亡。当然,在野外也见过同归于尽的。

热带雨林的一株树上,已经有榕树形成根网

海南鹦哥岭自然保护区的鹦哥嘴保护站有一株榕树,其根网非常典型

· 兴趣活动设计 ·

1. 分组观察并交流讨论身边晚上开花的植物与帮助传粉的昆虫；

2. 分组寻找并交流讨论花结构高度特化的植物；

3. 分组寻找并交流讨论可以不通过光合作用获得养分的植物；

4. 分组寻找并交流讨论拟态的植物；

5. 分组寻找并交流讨论以昆虫为食的植物；

6. 分组寻找并交流讨论利用动物皮毛携带果实的植物。

后记

《植物的智慧——自然教育家的探索与发现随笔》一书从约稿到构思再到完成,差不多花了一年时间,终于完稿,但仍然有许多地方需要完善。

若干年前,开始用这个题目跟绿色营的伙伴们分享,这几年也与参加亲子活动的家长和小孩子们分享,但框架还不是很成熟。直到中国林业出版社肖静、何游云编辑找到我,希望能够整理正式出版,于是不得不考虑书的整体框架,构思形成了本书的生态智慧、生理智慧、数学智慧、化学智慧、物理智慧、拟人智慧和特色智慧七个部分。

接到任务以后,我联系了台湾李两传老师,希望能够共同完成,让内容更臻完善。初稿完成后,同李两传老师一起交流讨论,他充实了不少内容,又提供了不少令人震撼的照片,也对文字进行了润色修改。后来,在进一步整理的过程中,又从自己日积月累的照片库陆续找到了更多的照片来说明植物的智慧,终于在 2018 年的初夏定稿。

在跟朋友分享植物的智慧时,每每说到137°28′,大家都觉得不可思议。令我自己感到震惊的是，发现了紫珠属植物的 2^{n-1} 花序梗分歧规律中 n 可以达到 9 次之多，在《中国植物志》等书中，仅提到 4~5 次分歧，因为其末端的分歧极短，不容易看到，所以往往被忽视。

还不仅仅如此，在写作过程中，我发现了植物更多方面的智慧，但有些来不及总结，或有些规律有待深度发掘，例如，众多兰科植物的唇瓣与蕊柱所拟态的是哪些种类的昆虫，植物挥发气体代表的意义，更多植物叶片的分形规律的表达，植物花蜜的类型，植物的信息传导方面的规律，酢浆草的三小叶和绿萝叶片的宽卵形该用什么数学公式表达，壳斗科植物叶片蜡质层对于太阳光线的反射，莲座蕨的关节是如何支撑那么大的叶片的，等等。这许多智慧都在植物进化过程中写入了基因程式，我们能够看到它们对植物体的改变，但尚无法说明它们的演化途径。

作为一名自然教育学者，在写作过程中，也考虑到了亲子活动的教学内容，做了一些活动设计，以引起人们对自然界中熟视无睹的植物生存策略进行深入观察并思考。

希望这样一本书能够打开您的眼界，也希望大家都能够敬畏自然，保护好我们的生态环境。

李振基

2018 年 6 月